Leopold Kohr FIBEL

W0049430

Leopold Kohr FIBEL

Nur das Kleine macht lebendig

Kohrs Programm gegen Zentralismus
und Nationalismus

Herausgegeben von:
Claudia Pfeffer und Josef Bruckmoser

unter Mitarbeit von
Günther Witzany und Ewald Hiebl

Impressum:
TAURISKA Verlag
© 2019 by Verlag TAURISKA
www.tauriska.at

Eigentümer und Verleger: Verlag TAURISKA Kammerlanderstall,
5741 Neukirchen am Großvenediger, Susanna Vötter-Dankl, Christian Vötter
und Günther Nowotny

Herausgeber: Josef Bruckmoser und Claudia Pfeffer
unter Mitarbeit von Günther Witzany und Ewald Hiebl

Graphik-Titelseite: Künstler Karl Hartwig Kaltner
Fotos: © Archiv Leopold Kohr®-Akademie
Gestaltung/Herstellung: anhaus I werbemanufaktur

Die Kulturarbeit von TAURISKA und der Leopold Kohr®-Akademie
wird vom Land Salzburg unterstützt.

ISBN 978-3-901257-57-5

Inhalt

Was Kohr uns heute zu sagen hat

Dokumentation

Vorwort

Das Streben nach Vereinigung und Wachstum sowie Größenwahn und Maßlosigkeit prägten in vielfacher Hinsicht das 20. Jahrhundert. In den ersten beiden Jahrzehnten des 21. Jahrhundert sind wir – auch in der Europäischen Union – mit dem Wiedererwachen des Nationalismus konfrontiert. Zudem hat die Auseinandersetzung um den Brexit die Idee eines immer größeren und immer mehr zusammenwachsenden Europa konterkariert.

Beide Entwicklungen zeigen, wie hoch aktuell Leopold Kohr ist. Seine Vision von einem Europa der Regionen ist wesentlich aus dem Antrieb entstanden, den Nationalismus hintanzuhalten. Der Querdenker, Pionier und Weltbürger Leopold Kohr plädierte für die Auflösung zentraler nationaler Strukturen und die Schaffung kleiner, überschaubarer, unabhängiger und selbstbestimmter Einheiten. Medienwirksam zusammengefasst wurde seine zuweilen stark kritisierte Philosophie des menschlichen Maßes unter dem Slogan „Small is beautiful". Sie bietet Lösungsvorschläge für Probleme wirtschaftlicher, politischer, sozialer, kultureller oder ökologischer Art auf regionaler, europäischer und globaler Ebene.

Kohrs Ideen einer kleinräumigen Wirtschaft sind heute in vielfältigen Formen der Erzeuger-Verbraucher-Gemeinschaften Wirklichkeit geworden. Solidarisch und regional werden die Lebensmittel erzeugt, die die Mitglieder selbst konsumieren. Schon früh erkannte Kohr die Schwierigkeiten, die sich aus der rasanten Zunahme des Individualverkehrs ergeben würden. Für die Stadtplanung hieß dies nach Ansicht von Kohr, dass das Auseinanderdriften der Lebensfelder Wohnen, Arbeiten und Freizeit verhindert bzw. rückgängig gemacht werden müsse. Die staugeplagten Städte der Gegenwart sollten die Verkehrsgeschwindigkeit reduzieren, da sich damit auch die Massenwirkung der Verkehrsteilnehmer reduzieren ließe. Ein Thema, wie es aktueller nicht sein könnte.

Dieses Buch geht maßgeblich auf zwei Quellen zurück. Zum einen ist das die Diplomarbeit, die Claudia Pfeffer bei Reinhold Wagnleitner eingereicht und damit den Magistergrad an der Kultur- und Gesellschaftswissenschaftlichen Fakultät der Universität Salzburg erworben hat. Zum anderen ist es das Hauptwerk von Leopold Kohr, das im Verlag Otto Müller erschienen ist. Diese Bücher wurden von Ewald Hiebl und Günther Witzany herausgegeben und jeweils mit einem entsprechenden Vorwort versehen. Die Buchtitel sind „Probleme der Stadt", „Weniger Staat", „Das Ende der Großen", „Das akademische Wirtshaus", „Entwicklung ohne Hilfe", „Die Lehre vom rechten Maß", „Die überentwickelten Nationen".

Josef Bruckmoser

Wie Leopold Kohr seine Thesen entwickelte

Short cut – die wichtigsten Schriften im Überblick

Die von Leopold Kohr ausgearbeitete Theorie geht von der Annahme aus, dass die Ursache für die „Weltprobleme" bzw. die „Probleme der Schöpfung" – seien sie wirtschaftlicher, politischer, sozialer, ökologischer, moralischer oder sonstiger Natur – einzig und allein in deren Überdimensioniertheit, in ihrer übermäßigen Größe begründet seien. „Alles ist Gift, ausschlaggebend ist nur die Dosis", sagte schon im 16. Jahrhundert der Arzt und Alchemist Paracelsus, ein Pionier der modernen Medizin. Leopold Kohr, der diesen Satz viel und oft zitiert hat, sieht es ähnlich und drückt es mit folgenden Worten aus: „Das Hauptproblem unserer Zeit ist nicht national oder ideologisch, sondern dimensional. Es ist kein Problem von gesinnungsverblendeten Führern, ausbeutenden Wirtschaftssystemen oder nationalen Charaktereigenschaften, sondern, wie bei Atomen, ein Problem der 'kritischen' Masse, Menge, Größe." Und weiter: „Wo immer etwas fehlerhaft ist, ist es zu groß."

Das Optimum zwischen größtmöglicher Freiheit des Einzelnen und Mindestmaß an staatlicher Organisation liegt nach Ansicht von Kohr in Einheiten, die gerade groß genug sind, um soziale Leistungen zu garantieren. Das wiederum erfordert eine stufenförmig aufgebaute Ordnung eines Staates. Kohr zieht dafür unter anderen das Heilige Römische Reich als Exempel heran, das von 1648–1806 aus einer Vielzahl kleiner autonomer Staaten bestand. Diese waren leicht zu regieren und haben trotz ihrer Kleinheit große kulturelle Leistungen erbracht. Kohr bezeichnet es als „das treffendste Beispiel des Kleinstaatenprinzips, als treibende Kraft des föderativen Erfolges".

In seiner *Machttheorie der Aggression* (Kapitel 2, „Das Ende der Großen") führt Kohr seine Überlegungen zur menschlichen Wesensart fort. Erreicht die Macht, die eine Person innehat, eine kritische Größe, eine kritische Masse, muss dies fast zwangsweise zu Aggressivität und Machtmissbrauch führen. An diesen Punkt gelangt man, sobald das Bewusstsein der eigenen Überlegenheit aufkommt und man sich in dem Glauben befindet, dass man „durch keine größere andere Ansammlung von Macht in Schach gehalten werden kann. So kann auch die anständigste Person, die zivilisierteste Gesellschaft, wenn sich ihr die Gelegenheit dazu bietet, Vorschriften und Grenzen überschreiten und ihre Macht missbrauchen". Daraus ergibt sich für Kohr, dass „der Bösewicht der Geschichte weder der Deutsche noch der Amerikaner, noch der Russe, noch der Engländer ist. Der Bösewicht ist der zu mächtig Gewordene: der Großdeutsche, der Großbrite, der Großrusse, der Großnarr."

10

Überträgt man dieses Modell von einer Person auf eine größere soziale Einheit, auf einen Verein oder gar einen Staat, so entscheidet auch hier das „kritische Volumen der Macht" über Aggression oder Nicht-Aggression, über Krieg oder Nicht-Krieg. „Kritische Übermacht heißt, dass das Volumen der militärischen Macht den Führern einer Nation Grund genug bietet anzunehmen, dass sich keine andere sich ihnen entgegenstellende Macht oder Mächtekombination mit ihnen messen kann." Das Erreichen des kritischen Volumens der Macht und die daraus resultierende spontan erfolgende Aggressivität von Nationen vergleicht Kohr mit dem Gesetz, welches eine Atombombe explodieren lässt, wenn das spaltbare Material seine kritische Größe erreicht hat.

Die ideale Größe einer Gesellschaft hängt für Kohr eng mit ihrem Sinn und Zweck zusammen. Kohr zufolge muss eine Gesellschaft vier Aufgaben erfüllen bzw. vier Bedürfnisse der Menschen stillen: soziale, ökonomische, politische und kulturelle. Damit die sozialen Bedürfnisse gestillt werden können, bedarf es lediglich achtzig bis hundert Menschen. In dieser Gesellschaft, die Kohr mit einem etwas größeren Wirtshaus vergleicht, bleibt eine gewünschte Vielfalt sozialer Kontakte aufrecht, gleichzeitig ist eine gewisse Beständigkeit garantiert und der persönliche Kontakt bleibt bestehen. Für eine ökonomische Gemeinschaft veranschlagt Kohr 1000 bis max. 5000 Menschen. Das Erreichen dieser Dimension kann bereits erste Dispute mit sich bringen, was wiederum den Drang nach Ordnung und Sicherheit hervorruft.

An dieser Stelle kommt die politische Gemeinschaft, bestehend aus 7000 bis 12 000 Menschen, zum Zug. Wenn es um das Stillen kultureller Bedürfnisse (Kohr klassifiziert das Bedürfnis nach Kultur als das höchste Bedürfnis der Menschen) geht, liegt die optimale Größe der Gesellschaft bei etwa 50 000 bis 200 000 Menschen. Damit ist das aristotelische *summum bonum* (das „glückliche Leben") erreicht. Diese optimalen Werte können durchaus nach oben hin verschoben werden, vorausgesetzt, die Gesellschaft wird wieder in kleinere autonome Gemeinschaften unterteilt. Weitere Faktoren – die sogenannten „Streckfaktoren des Optimums" –, die bei gleichbleibenden optimalen Verhältnissen soziales Wachstum über die zuvor angegebenen Höchstmarken zulassen, sind Bildung, technischer Fortschritt und Organisation. Die Obergrenze für einen Staat, der die erwähnten Funktionen erfüllen kann, liegt nach Ansicht von Kohr bei etwa 15 Millionen Menschen. Wird diese Zahl übertroffen, erreicht man schnell wieder die kritische Größe.

Disunion Now (1941)
„Die Größe der Schweizer Staatsidee liegt in der Kleinheit der Zellen."

Am 26. September 1941 erscheint Kohrs Essay „Disunion Now" in der New Yorker Zeitschrift „The Commonweal". Es ist ein Plädoyer gegen die Bildung großer Staatenbündnisse und für die Zerteilung und Bildung kleiner Staaten mit dezentralen Machtstrukturen. Kohr geht in diesem Aufsatz

der Frage nach, wie sich Europa nach dem Zweiten Weltkrieg weiterentwickeln soll, und seine Antwort unterschei-
det sich deutlich von den Ansichten der „Einigungsfanatiker" seiner Zeit. Er entwirft ein Europa der Regionen
und zeigt dabei auf die Schweiz. Dieser in zahlreiche kleine
Kantone und Halbkantone unterteilte Verband, wo Menschen mit unterschiedlicher Sprache und Kultur friedlich
zusammen leben können, sei ein ideales Vorbild und Modell
für Kleinstaatlichkeit. Für Kohr bedeutet dies ferner: „Solange wir die Demokratie für eine sinnvolle Institution
halten, müssen wir auch wieder die Bedingungen für ihre
Entfaltung schaffen: Den überdenkbaren kleinen Staat und
die Glorie der Souveränität auch der kleinsten staatlich
lebensfähigen Gemeinschaft."

The Breakdown of Nations (1957)
Das Ende der Großen. Zurück zum menschlichen Maß
(1986)
*„Jede erfolgreiche internationale Gemeinschaft zeigt somit
das gleiche administrative System: das Modell der kleinen
Einheit. Demzufolge scheint der Schluss weder vermessen
noch weit hergeholt zu sein, dass das ihnen allen gemeinsame Element nicht ein phänomenaler Zufall sein kann. Es
muss der eigentliche Grund des Erfolges sein."*

Kohrs Hauptwerk und gleichzeitig sein erstes Buch „The
Breakdown of Nations" entstand im Winter des Jahres
1950/51. Tag für Tag schrieb Kohr in seinem Büro an der
Rutgers University im US-Bundesstaat New Jersey an die-

sem Buch. Doch er konnte viele Jahre lang keinen Verleger dafür finden. Erst 1957 erscheint das Werk im Londoner Verlag von Routledge & Kegan Paul. Auf Deutsch wurde das Buch knapp 30 Jahre später, im Jahr 1986, unter dem Titel „Das Ende der Großen. Zurück zum menschlichen Maß" publiziert.

Kohr vertritt darin die These, dass die Größenprobleme unserer Zeit nur gelöst werden können, wenn man die großen Machtblöcke und Staatengebilde, die ihm zufolge als solche nicht lebensfähig und über kurz oder lang zum Scheitern verurteilt sind, in Kleinstaaten aufteilt. Seine Argumente für die Errichtung kleiner Staaten sind politischer, ökonomischer, philosophischer und kultureller Natur.

The Overdeveloped Nations (1977)
Die Überentwickelten oder Die Gefahr der Größe (1962)
„Ein hoher Lebensstandard hängt nicht nur einfach von einer hohen Produktivität ab, sondern vor allem auch von der Fähigkeit eines Landes, die Kosten seines sozialen Apparates in Grenzen zu halten, die es seinen Bürgern gestatten, die Früchte dieser hohen Produktivität selbst zu genießen, statt sie dem Staat ausliefern zu müssen. Nur ein verhältnismäßig kleiner Staat mit seinen entsprechend verminderten Verwaltungs- und Koordinierungsschwierigkeiten bietet nachweislich diese Möglichkeit."

„The Overdeveloped Nations" wurde zwar ebenfalls in englischer Sprache verfasst, interessanter Weise wurde das

14

Buch in diesem Falle allerdings zuerst auf Deutsch publiziert: 1962 erschien es unter dem Titel „Die Überentwickelten oder Die Gefahr der Größe". Erst 1977 wurde die englischsprachige Ausgabe im New Yorker Verlag Schocken Books veröffentlicht. In diesem Buch vertieft Kohr seine Theorien der Kleinheit und legt den Schwerpunkt auf wirtschaftliche Aspekte. Er versucht die wirtschaftliche Überlegenheit der kleinen Staaten über die Großen zu erklären und zeigt, wie so oft, eine völlig neue Sichtweise auf, indem er nicht die Unterentwicklung sondern die Überentwicklung als zentrales Problem sieht, das es zu lösen gilt. In diesem Buch legt Kohr zum ersten Mal seine Geschwindigkeitstheorie dar. Ihr zufolge hilft Geschwindigkeitsreduktion bei der Verringerung von Verkehrsstaus, weil sich bei reduzierter Geschwindigkeit die Massenwirkung der Beteiligten faktisch reduziere, so ähnlich wie bei Theaterausgängen, an denen zu lesen ist „Langsam gehen, nicht laufen!". Während die Theater- und Kinoausgänge zum Ende einer Vorstellung völlig ausreichen, erweisen sie sich im Falle einer Panik als verhängnisvolle Nadelöhre. Denn durch die in Panik geratenen laufenden Menschen erhöht sich deren Massenwirkung, sodass die Ausgänge zu klein werden.

Weniger Staat. Gegen die Übergriffe der Obrigkeit (1965)
„Demokratie ist eine Philosophie der Freiheit. Der einzelne, nicht der Staat oder das Volk, ist der Herrscher. Er allein soll durch die Demokratie geschützt werden. Doch vor wem? Es gibt nur zwei Elemente, die über genügend Macht verfügen, um seine Freiheit einzuschränken: der Staat und das Volk."

Auch mit diesem Buch, das 1965 auf Deutsch erschienen ist, gelingt Kohr eine Ausweitung und Vertiefung seiner bereits elaborierten Ideen und seiner Theorie des menschlichen Maßes. Übersetzt man den englischen Titel ins Deutsche, wird schnell klar, was die zentrale Aussage bzw. Forderung dieses Buches ist: das Befreitwerden vom Regiertsein! Kohr bekennt sich Zeit seines Lebens als Anarchist. In seinen Augen ist An-Archismus jene Gesellschaftsform, die ohne Staatsmacht auskommt, weil sich ihre Mitglieder so respektvoll zueinander verhalten, dass sie die Organisation der Gemeinschaft selbständig bewerkstelligen können. Der gewaltsame Anarchismus ist hingegen für Kohr ein Deckmantel für „Lustmörder". Kohr fordert mehr Freiheit und Rechte für die Menschen und neben der Unabhängigkeit des Staates zugleich eine Unabhängigkeit vom Staat.

Development without Aid
The Translucent Society (1973)
Entwicklung ohne Hilfe. Die überschaubare
Gesellschaft (2007)
„Was vielen modernen Staatsgründern in ihrem Streben nach schnellerer Entwicklung durch den stärkeren wirtschaftlichen Zusammenschluss ihrer Länder mit ihren Nachbarn entgeht, ist die Tatsache, dass der bei weitem schnellste Entwicklungsweg der ist, den man allein geht – nicht eingebunden, nicht angebunden, nicht koordiniert."

1973 erscheint Kohrs Werk „Development without Aid", zu Deutsch „Entwicklung ohne Hilfe. Die überschaubare

Gesellschaft". Darin zeigt Kohr neue Wege und Perspektiven zur Entwicklungszusammenarbeit auf. Der sambische Staatspräsident Kenneth Kaunda, den Kohr über seinen Freund John Papworth persönlich kennengelernt hatte, schrieb das Vorwort zur englischen Originalausgabe. Er bezeichnet darin Kohr als „den ersten humanistischen Professor für Wirtschaftswissenschaften" und bemerkt, dass Kohr in diesem Buch „etwas Neues gesagt hat, etwas Wichtiges, etwas, das niemand, der mit Entwicklungsproblemen befasst ist, ignorieren kann."

The Academic Inn (1993)
Das akademische Wirtshaus (2010)
„Die Idee [des akademischen Wirtshauses] begeistert nicht nur Gelehrte, die schließlich seit langem am eigenen Leib erfahren, welch subtile Wirkung die wuchernden Dimensionen ihres Arbeitsumfelds – zu viele Studenten, ein zu großer Lehrkörper, zu große Universitätsareale – auf die akademische Freiheit haben; auch ganz normale Leute können sich dafür erwärmen, die in der informellen Geselligkeit einen großen Anreiz sehen, sich weiterzubilden."

Das Buch „The Academic Inn" erschien 1993, allerdings enthält es eine Sammlung von Aufsätzen, die Kohr bereits in den 1960er und 1970er Jahren verfasst hatte. Kohr beschäftigt sich darin in erster Linie mit bildungspolitischen Fragestellungen. Er kritisiert die institutionellen Machtstrukturen an den Universitäten, deckt Missstände auf und thematisiert erneut die ideale Größenordnung.

The Inner City (1989)
Probleme der Stadt (2008)

Aufstieg und Niedergang von Städten, warum sie gedeihen und verfallen, die Fehler der Stadtplanung, das wahre Ziel guter Architektur – das sind nur einige der Themen dieses Buches. Leopold Kohr ist der Philosoph des richtigen Maßes. Er hat mehr als ein halbes Jahrhundert lang für überschaubare soziale Einheiten plädiert und sich der Manie des Wachsens und des Fortschrittes um jeden Preis entgegengestellt. In diesem Buch, das 1989 erstmals als „The Inner City" auf Englisch erschienen ist, stellt er das Ideal einer Stadt – vor allem von deren Zentrum – den Problemen der Stadt in der Moderne gegenüber. Eine ideale Stadt sollte ein Zentrum haben, das die menschlichen Bedürfnisse befriedigt. Die Zentren der modernen Städte sind jedoch von unkontrollierbaren sozialen Problemen geprägt. Das Buch besteht aus Artikeln, die Leopold Kohr für puertoricanische Zeitungen schrieb, während er an der Universität von Puerto Rico in San Juan lehrte. Deshalb werden viele Beispiele aus Puerto Rico angeführt. Kohr bietet aber auch Lösungen für allgemeine Stadtentwicklungen an.

Leopold Kohr in Salzburg, Jahr 1986   *Foto: Walter Schweinöster*

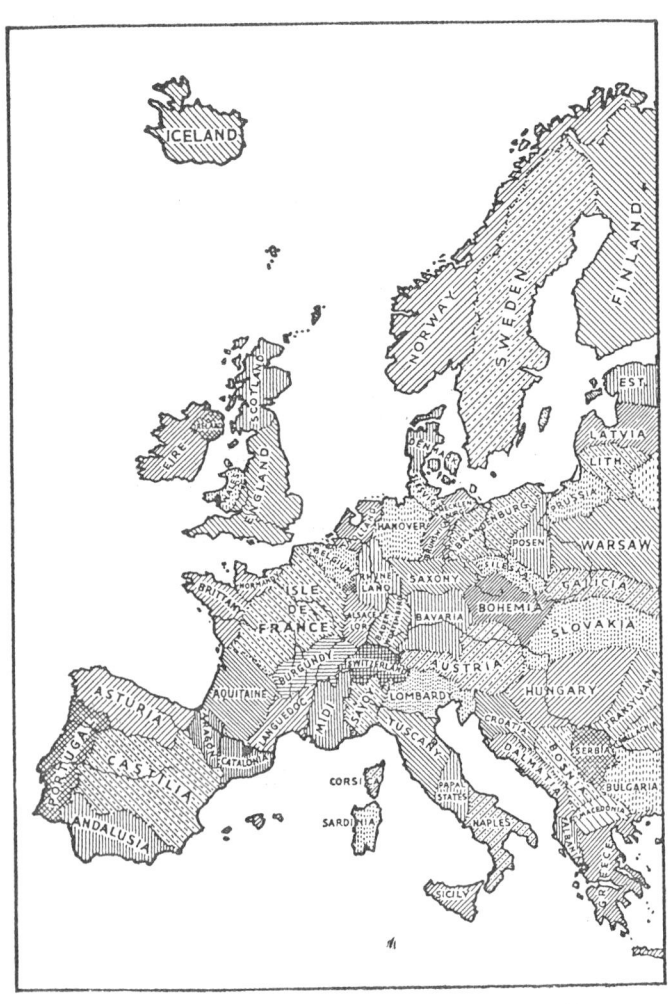

Bildquelle: Reproduktion nach dem Original im Leopold Kohr-Archiv

So hat sich Leopold Kohr das „Europa der Regionen" vorgestellt. Der Vorschlag stammt aus dem Jahr 1941, Kohr hat ihn jedoch bis zu seinem Lebensende 1994 propagiert. Wie auf der Karte deutlich wird, sind die Grenzen der heutigen Nationalstaaten zugunsten historischer, „natürlicher" Grenzen verschwunden. Die sich daraus ergebenden in etwa gleich großen Staaten sollen ein stabiles Gleichgewicht schaffen. Deutschland würde sich in die Länder Schleswig, Mecklenburg, Brandenburg, Hannover, Braunschweig, Rheinland, Sachsen, Baden-Württemberg und Bayern aufteilen. Großbritanniens Konglomerat würde zerfallen in die Regionen England, Schottland, Irland und Wales. Aus dem Nationalstaat Italien würden die Länder Sizilien, Neapel, Vatikan Staat, Sardinien, San Marino, Toskana und Lombardei hervorgehen, während Frankreich, die Grand Nation, sich zugunsten der Regionen Savoyen, Midi, Languedoc, Aquitanien, Burgund, Elsass-Lothringen, Île de France, Normandie und Bretagne auflösen würde. Die iberische Halbinsel bestünde aus Andalusien, Portugal, Kastilien, Katalonien, Andorra, Aragon und Asturien. Und alle diese Länder wären unter dem gemeinsamen Dach der Europäischen Union vereint.

Disunion now – für ein Europa der starken Regionen (1941)

Am 26. September 1941 veröffentlichte Leopold Kohr im amerikanischen Exil einen Aufsatz, der sich heute geradezu prophetisch liest – in einer Zeit, in der das neue „Großreich" Europa von Identitätskrisen und Nationalismen er-

schüttert wird. Sein Essay „Disunion now" wurde in der linkskatholischen New Yorker Zeitschrift „The Commomweal" publiziert. Die folgenden Ausschnitte wurden u.a. in der Wochenzeitung „Die Zeit" Nr. 43 vom 18. Oktober 1991 veröffentlicht.

Die meisten von uns glauben, dass das Elend, das die Welt erfasst hat, darin liegt, dass sich die Menschheit in zu viele Staaten zersplittert. Deshalb sind auch die meisten von uns davon überzeugt, dass die einfachste Methode, dieses Übel abzustellen, ganz einfach darin liegt, die Vielzahl der Staaten durch einen Prozess der allmählichen Vereinigung abzuschaffen, angefangen mit der Vereinigung der Demokratien, dann der Kontinente und letzten Endes der ganzen Welt.

Die gewöhnlich zitierten Beispiele für die Möglichkeit solcher Unionen sind die Vereinigten Staaten und die Schweiz. Was die Vereinigten Staaten anlangt, so sind sie kein Modell, das auf Europa angewendet werden kann, da sie keine Union verschiedener Einheiten darstellen. Es gibt keinen wirklichen Unterschied zwischen den Bevölkerungen, Sprachen, Rassen und Sitten, die in den verschiedenen US-Bundesstaaten existieren. Es gibt nur ein Volk, das amerikanische, das in den Vereinigten Staaten lebt, die einen Plural nur dem Namen nach darstellen. Die USA *sind* kein Land, sie *ist* ein Land. Die einzige Lehre, die sich daraus ziehen lässt: Trotz der äußeren Einheit wurde es für sinnvoller und praktischer gehalten, das Land in 48 Staaten zu unterteilen, als den ganzen Halbkontinent durch Delegierte von Washington her verwalten zu lassen. Das heißt: Differenzierungen wurden künstlich hergestellt, weil es sich als einfacher erwies, dadurch eine Union zu schaffen als durch zentralistische Vereinheitlichung.

Ein besseres Beispiel für die Verwirklichung des Einigungsraumes, wie ihn die europäischen Unionisten träumen, wo es weder eine gemeinsame Sprache noch einen gemeinsamen kulturellen oder historischen Hintergrund gibt, finden wir in der Schweiz. Dort, auf einem kleinen Gebiet mitten in den Alpen, leben drei traditionelle Erzfeinde – Italiener, Deutsche und Franzosen – in einem Freundschaftsverbund zur gemeinsamen Förderung von Frieden, Freiheit und Wohlstand zusammen. Für viele Europa-Enthusiasten ist die Schweiz das überzeugendste Modell für ein Zusammenleben verschiedener Nationen. Die Confoederatio Helvetica, nicht die USA, ist das heilige Land ihrer Ziele.

In Wirklichkeit ist aber auch die Schweiz etwas radikal anderes als das, was sie darzustellen scheint. Von den Proportionen her gesehen (wenn man von der in Graubünden lebenden kleinen vierten Nation der Rätoromanen absieht), bestehen die drei nationalen Hauptgruppen der Schweiz zu ungefähr siebzig Prozent aus deutsch-, zu zwanzig Prozent aus französisch- und zu zehn Prozent aus italienischsprechenden Eidgenossen. Wären diese drei nationalen Gruppen als solche die Basis der Union, so hätte das auch in der

Schweiz unaufhaltsam zur Vorherrschaft des großen deutschsprachigen Blocks über die anderen Nationalitäten geführt und sie de facto zu Minderheiten degradiert, da sie nur dreißig Prozent der Gesamtbevölkerung darstellen. Tatsächlich fördern ja gerade demokratische Prinzipien eine solche Entwicklung. Das Resultat wäre: Jeder Grund für die französisch- und italienischsprechenden Volksgruppen, weiterhin Teil eines vorwiegend deutschen Unternehmens zu bleiben, fiele weg. Es gäbe nichts mehr, was sie von einem Anschluss an ihre Sprachverwandten auf der anderen Seite der Grenzen abhalten könnte, die die mächtigen Nationen Italien und Frankreich geschaffen haben. Auch für die deutschsprachige Mehrheit würde es wenig Sinn haben, weiterhin außerhalb der Grenzen ihres großen Nachbarreiches zu leben.

In Wirklichkeit aber begründen sich die Existenz der Schweiz und das erfolgreiche Zusammenleben verschiedener Volksgruppen nicht im Zusammenschluss ihrer drei oder vier Nationalitäten, sondern im Verband ihrer 25 „Staaten" (den Kantonen und Halbkantonen), was quasi eine nochmalige Aufteilung innerhalb der einzelnen regionalen Einheiten darstellt – und das genaue Gegenteil einer Verschmelzung ihrer Volksgruppen bedeutet. Dies aber bildet die unerlässliche Vorbedingung für jeden demokratischen Staatenbund: Die einzelnen Gemeinschaften müssen sich von ihrer Bevölkerungszahl her in einem Gleichgewicht befinden.

Die Größe der Schweizer Staatsidee liegt daher in der Kleinheit der Zellen. Auf deren souveräner Unabhängigkeit ruht die Garantie ihrer Existenz. Der Schweizer aus Genf steht dem Schweizer aus Zürich nicht als französischer einem deutschen Eidgenossen gegenüber, sondern als ein Eidgenosse der Republik Genf einem Eidgenossen der Republik Zürich. Ein Bürger aus dem deutschsprachigen Uri ist für einen Bürger aus dem deutschsprachigen Unterwalden genauso ein „Ausländer" wie ein Bürger aus dem Tessin. Zwischen dem Kanton St. Gallen und dem Schweizer Staatenbund gibt es keine Zwischenorganisation in der Form eines deutschsprechenden Halbbundesstaates. Die an Bern abgetretene Staatsgewalt stammt von den kleinen Kantonsrepubliken, nicht von den Nationalitäten, denn die Schweiz ist eine Union von Staaten, nicht von Nationen.

Es ist wichtig, sich darüber im Klaren zu sein, dass die Bevölkerung der Schweiz (in runden Zahlen) aus 700 000 Bernern, 650 000 Zürichern, 160 000 Genfern besteht, nicht aus 2 500 000 Deutschen, 1 000 000 Franzosen und 500 000 Italienern. Die verhältnismäßig große Zahl von fast souveränen Kantonen und Halbkantonen zusammen mit der Kleinheit der einzelnen Kantonatsbevölkerungen verhindern das Aufkommen jeder imperialistischen Vorherrschaftsambitionen seitens eines Einzelkantons, da er zahlenmäßig auch schon von einer kleinen Koalition anderer Kantone übertroffen würde. Falls jemals – im Zuge der zeitgenössischen Vereinfachungs- und Rationalisierungstendenzen – die 25 Kantone mit all ihren Hauptstädten, Par-

lamenten, Regierungen und Eigenarten sprach- und stamm-
einheitlich reorganisiert werden sollten, so würden sie die
Form von drei Provinzen annehmen: aber nicht der
Schweiz, sondern Deutschlands, Frankreichs und Italiens.

Politiker, die für die große europäische Vereinigung eintre-
ten, und zwar für ein Europa der Nationen, haben bei allem
Enthusiasmus nie das schweizerische Urprinzip der kantonalen „Kleinstaatenselbständigkeit" wirklich verstanden.
Sie sind noch heute so von der Nationalstaatsidee beein-
druckt, dass der Begriff Staat, der so viel biegsamer ist als
jener der Nation, von den Architekten der gegenwärtigen
„babylonischen" Einheitstürme beinahe immer links lie-
gengelassen wird. Das gesellschaftlich Erstrebenswerte er-
blickt man in großen und immer größer werdenden
Einheiten, während kleinere Gemeinschaften als Brutstätte
von Zwietracht, Hinterlist, Krieg und all den anderen Übeln
dargestellt werden, die am Anfang aller Zeit aus der Büchse
der Pandora entflohen sind. Schon von Kindheit an preist
man uns das Große, das Massive, das Universale, das
Kolossale an. Dagegen verschweigt man uns, dass das gesellschaftlich wirklich Große, das Vollkommene, das Uni-
versalistische im Kleinen liegt – im Individuum als dem
Protoplasma allen sozialen Lebens.

Wir bejubeln die Einigungen Deutschlands, Frankreichs,
Großbritanniens und Italiens in der Annahme, sie seien der
erste Schritt zu einer Einigung der ganzen Menschheit.
Doch alles, was sie produzieren, waren imperiale Mächte,

26

die sich ununterbrochen in den Haaren liegen. Wenn das Schweizer Vorbild auf Europa angewendet werden soll – und oft ist ja davon die Rede –, dann muss auch die Schweizer *Methode* nachgeahmt werden und nicht nur der äußere Rahmen in ihrer multinationalen Gesamtstruktur. Und die liegt in der *Teilung* ihrer drei unterschiedlich großen Blöcke in so viele kleinere Bestandteile als notwendig sind, um jedwedes zahlenmäßige Übergewicht eines Blocks unmöglich zu machen.

Was Europa anlangt, so heißt das, dass 40 oder 50 *gleich große* Staaten geschaffen werden sollen anstatt vier oder fünf *ungleich* große. Anderenfalls wird auch ein föderativ geeinigtes Europa immer 80 Millionen Deutsche, 45 Millionen Franzosen, 50 Millionen Italiener etc. haben. Dies würde letzten Endes genauso zur Hegemonie Deutschlands führen wie Bismarcks föderativ geeintes Deutsches Reich, in dem 24 mittlere und kleine Staaten mit der 40-Millionen-Einwohner-Großmacht Preußen verbunden waren – und so unter die Hegemonie Preußens gerieten. Mein Vorschlag ist also, Deutschland nach dem Krieg vorerst in eine Anzahl von Staaten – von sieben bis zehn Millionen Einwohnern – aufzuteilen. Das wäre leicht zu bewerkstelligen, da die früheren Deutschen Staaten (oder zumindest ein großer Teil von ihnen) innerhalb ihrer alten Grenzen rekonstruiert werden könnten. Sogar Preußen würde eine Spaltung in seine historischen und natürlichen Landschaften zulassen.

Die Zersplitterung Deutschlands allein hätte aber auf die Dauer keine Wirkung. Bei der natürlichen Tendenz aller organischen Zellstrukturen würde die einstige Zersplitterung Deutschlands zur Wiedervereinigung führen, wenn nicht gleichzeitig auch ganz Europa kantonisiert würde. Die historische Landkarte Europas würde eine Aufteilung auch aller anderen Großmächte sehr vereinfachen. Wir würden wieder ein Venezien, eine Lombardei, ein Burgund, Savoyen, Estland, Weißrussland, eine Normandie und so weiter haben. Aber wie im Falle Deutschlands würden auch in den andern Ländern die neuen (oder alten) Kantone und Regionen wieder zu Nationalstaaten zusammenwachsen, es sei denn, sie ordneten sich neu in begrenzten „Lokalkombinationen" und schlössen sich eher mit den ihnen geographisch unmittelbar verbundenen Nachbarstaaten zusammen als mit ihren Stammverwandten. Das würde die Neubildung großräumiger National- und Rassestaaten unmöglich machen.

Das wahre Schweizer Modell der nationalen Aufteilung – anstatt Vereinigung – müsste in verschiedenen europäischen Gegenden wiederholt werden, wie es seinerzeit schon in der österreichisch-ungarischen Monarchie der Fall war. Das Ergebnis wäre die Zusammenfassung kleiner europäischer Staaten in einem Netz kleiner, schweizähnlicher Staatenbünde, nicht zwischen Blutsverwandten, sondern Grenznachbarn, also etwa Pommern-Westpolen, Ostpreußen-Baltikum, Kärnten-Venezien-Slowenien, Österreich-Ungarn-Tschecho-Slowakei, Baden-Burgund, Lombardei-Savoyen.

Auf diese Weise würden die Großmächte (die Väter jedes modernen Krieges, denn nur sie haben die Muskelkraft, den Kriegen ihre moderne Totalverwüstungsfähigkeit zu geben) endlich verschwinden. Aber nur wenn der ganze europäische Kontinent in seine ursprünglichen Teile zerlegt wird, ist es möglich, Deutschland oder irgendeine andere Großmacht ehrenvoll abzuschaffen, ohne es mit dem Odium eines neuen Versailles zu belasten. Sobald Europa in ein System kleiner Zellen umgewandelt ist, wird sich das Schweizer Modell nebenbei auch für eine Pan-Europäische Union ergeben. Deren Erfolgsbasis liegt nicht in der Zusammenarbeit mächtiger Nationen, sondern ausschließlich in der Kleinheit all ihrer Staaten.

Das alles kommt auf eine Verteidigung der vielbelachten Idee hinaus, die Erfolg und Ruhm in der Souveränität nicht der größten, sondern der kleinsten Staatseinheiten sieht – Kleinstaaterei nennt man es in Deutschland. Die politischen Theoretiker unserer Zeit, die nur das Große im Auge haben und die sich an Sammelbegriffen wie „Menschheit" begeistern (niemand weiß, was das eigentlich ist und warum man für sie Leben opfern soll), halten den bloßen Gedanken, mehr anstatt weniger Staaten zu schaffen, für einen Rückschritt ins Mittelalter. Sie alle sind für Einigung und Gigantismus, obwohl Einigung über gewisse Grenzen hinaus nichts darstellt als totalitäre Gleichschaltung, sogar wenn man in ihr eine Garantie des Friedens sieht. Was sie tatsächlich darstellt, ist eine Übertragung in die internationale Arena des undemokratischen Einparteiensystems – das natürlich auch einen gewissen Frieden garantiert. Aber was für einen!

Trotz des Spotts unserer Theoretiker möchte ich auf einige der Vorteile dieser „mittelalterlichen" Idee hinweisen. Der Einigungsfanatiker wird sagen, dass die Zeit, als es noch Hunderte von Staaten gab, düster war und dass Kriege fast ohne Unterbrechung geführt wurden. Stimmt. Aber was für Kriege waren das? Der Herzog von Tirol erklärte dem Markgrafen von Bayern wegen eines gestohlenen Pferdes den Krieg. Der Krieg dauerte zwei Wochen. Es gab einen Toten und sechs Verwundete. Ein Dorf wurde erobert und der ganze Vorrat an Wein ausgetrunken, den man im Keller des Wirtshauses fand. Man schloss Frieden und bezahlte ein paar Taler Schadenersatz. Nachbarstaaten wie das Fürstentum Liechtenstein oder das Fürsterzbistum Salzburg erfuhren erst gar nicht, dass es überhaupt einen Krieg gegeben hatte. Kriege gab es natürlich in irgendeinem Winkel Europas fast jeden Tag. Aber es gab keine Kettenreaktion und ihre Auswirkungen waren geringfügig. Heutzutage gibt es verhältnismäßig wenig Kriege und der Grund, warum sie ausbrechen, ist kaum seriöser als der Diebstahl eines Rosses. Aber die Konsequenzen sind katastrophal.

Auch wirtschaftlich waren die Vorteile der Koexistenz vieler Kleinstaaten beträchtlich, obwohl die modernen Gleichschalter, Fusionisten und Nationalökonomen nicht damit übereinstimmen, da sie sich daran gewöhnt haben, die Welt aus der Perspektive des Kopfstandes zu sehen. Anstatt einer

Regierung gab es zwanzig, anstatt zweihundert Parlamentariern gab es zweitausend und anstatt der Ambitionen von wenigen konnten die Ambitionen von vielen befriedigt werden. Es gab wenige Arbeitslose, weil es zu viele gleichartige Betriebe und Berufe gab, die einander weniger Konkurrenz machten, weil sie in mehr Staaten lagen und ausgeübt wurden. Die Idee des Sozialismus (ebenfalls ein totalitärer Begriff) war überflüssig, weil die Wirtschaft eines kleinen Landes von jedem Kirchturm aus überschaut werden konnte, ohne die Interpretation eines Karl Marx oder Hjlmar Schacht (so brillant sie auch sein mögen) herbeiziehen zu müssen.

Die vielen Hauptstädte übertrafen einander in der Förderung von Kunst und Kunstgewerbe, der Einrichtung von Universitäten, dem Bau von Domen und später Theatern und Museen, und bereiteten so auch das Milieu für Dichter, Denker, Maler, Komponisten und Architekten. Und trotzdem war die Steuerbelastung der Bürger nicht größer als heute, im Zeitalter der Rationalisierung. Heute werden aus wirtschaftlichen Gründen so viele Betriebe und Menschen eingespart, dass dadurch erst das vorher unbekannte Phänomen der Massenarbeitslosigkeit entstand. Wir haben die Verschwendung der Könige und ihrer Höfe abgeschafft und dadurch die Mittel in die Hand bekommen, statt dessen die Pracht der Diktatoren und ihrer Millionenheere finanzieren zu können. Wir haben über die Vielheit der Kleinstaaten gelacht. Jetzt werden wir von ihren wenigen, zu Großmächten angeschwollenen Nachfolgern tyrannisiert.

Es ist nicht nur die Geschichte, sondern auch unsere eigene Erfahrung, die uns gelehrt hat, dass die Demokratie in Europa oder sonst wo nur in kleinen Staaten blühen kann. Nur dort kann der Einzelmensch seinen Platz und seine Würde behaupten. Und solange wir die Demokratie für eine sinnvolle Institution halten, müssen wir auch wieder die Bedingungen für ihre Entfaltung schaffen: den überschaubaren kleinen Staat. Und wir müssen die Glorie der Souveränität auch der kleinsten, staatlich lebensfähigen Gemeinschaft zuerkennen. Es wird dann leicht sein, diese kleinen Staaten unter das Dach eines Bundesstaates oder Staatenbundes zu bringen. So wären auch die befriedigt, die von der großen Verbrüderung der Menschen träumen.

Ein solches Europa wäre ein anregendes Gebilde, ein Mosaik, mit faszinierenden Variationen im Detail und vielen verschiedenen Eigenarten – und doch durchflutet von der Harmonie der organischen und lebendigen Ganzheit. Das ist natürlich eine lächerliche Idee, orientiert allein an dem Menschen als einem lebendigen, geistigen Individuum. Welteinigungspläne dagegen sind todernste Vorhaben und auf einen Menschen zugeschnitten, den man sich nur als kollektives Wesen vorstellt. Diese großen Pläne erinnern mich an den Professor für Statistik, der dem Teufel vorschlägt, wie er die Hölle organisieren soll. Da antwortet der Satan mit felsenerschütterndem Gelächter: „Die Hölle organisieren? Mein lieber Herr Professor: Organisation ist die Hölle!"

„Das Ende Großbritanniens" (1970)

„The Breakdown of Great Britain" war die Rede von Leopold Kohr bei der 52nd Conway Memorial Lecture zur Erinnerung an Moncure D. Conway (1832–1907), gehalten am 6. Oktober 1970 in der Conway Hall, London. Die deutsche Übersetzung „Das Ende Großbritanniens" wurde 2017 von der Leopold Kohr®-Akademie Salzburg herausgegeben. Idee und Redaktion: Günther Witzany, Übersetzung: Andreas Wirthensohn. Die folgenden Auszüge sind dieser Übersetzung entnommen.

Der Titel meines Vortrags „Das Ende Großbritanniens" mag für ein Auditorium in London ein wenig beleidigend klingen. Damit sich dieser Eindruck nicht verfestigt, bis ich zu meinen Schlussfolgerungen gelange, möchte ich von vornherein betonen, dass hinter dem, was ich sagen werde, nicht der leiseste antibritische Affekt steht. Ich bin gegen Größe, nicht gegen England. In Deutschland hätte ich meinen Vortrag mit „Das Ende Deutschlands" betitelt, vor einem französischen Publikum hätte ich über „Das Ende Frankreichs" gesprochen.

Was ich hier unter dem Titel „Das Ende Großbritanniens" – oder meinetwegen Deutschlands, Frankreichs, Russlands, Italiens oder Spaniens – vorschlage, zerstört nichts von dem, was bewahrenswert ist. Denn was für einen Bayern zählt, sofern er sich aus einer lebenslangen Gehirnwäsche befreien kann, die den sinnlosen Glanz der Größe beschwört, ist Bayern, nicht Deutschland. Für einen Burgunder ist es Burgund, nicht Frankreich; für einen Katalanen Katalonien, nicht Spanien; für einen Toskaner die Toskana, nicht Italien. Nichts davon wird zerstört werden. Im Gegenteil. Sie werden alle wieder auferstehen.

Und so wäre Yorkshire in der Fülle seiner Kleinheit eine sinnvollere und größere Gemeinschaft denn als Teil eines Ganzen, das so groß ist, dass nicht einmal Architektur, Aussprache, Steinhecken, Blutwurst oder das Wetter eine gemeinsame „nationale" Erfahrung vermitteln. Das Gleiche gilt für Wales, Cornwall, Schottland, Dorset, Rutland, Westminster, Whitehall, das Old Vic, Covent Garden und die Queen. Sie gäbe es weiterhin oder wieder. Das Einzige, was fehlen würde, wäre das Monster der Größe, die sie alle erstickt. Und damit würde auch das Problem der übermäßigen Größe wegfallen, das einzige, mit dem der Mensch in seiner Kleinheit nicht fertig wird.

Aus diesem Grund fragte schon der heilige Augustinus mit Blick auf die Römer: „*Warum sollte sich das Reich der Ruhe berauben, um groß zu werden? Ist es, um einen Vergleich mit dem Menschenleib zu gebrauchen, nicht besser, eine mäßige Statur zu haben und dabei gesund zu sein, als unter fortwährenden Drangsalen eine riesenhafte Größe zu erreichen und auch nachher nicht zur Ruhe zu kommen, sondern von umso schlimmeren Übeln heimgesucht zu werden, je mächtiger die Glieder herangewachsen sind? (…) ob es vernünftig und klug sei, sich der Ausdehnung und des*

Umfanges einer Herrschaft zu rühmen, da man doch nicht erweisen kann, dass Menschen glücklich seien, die beständig mitten in Kriegsunruhen, watend im Blute, sei es Bürger- oder Feindesblut, doch eben in Menschenblut, umdüstert von Furcht und entfesselter Blutgier, dahinleben, so dass das Ergebnis aller Bemühungen eine Freude ist von zerbrechlicher Herrlichkeit wie Glas, wobei man die schreckliche Furcht nicht loswird, sie möchte unversehens brechen." (Vom Gottesstaat, Buch III, Kap. 10 und Buch IV, Kap. 3)

Aus diesem Grund würde sich der heilige Augustinus, würde er heute hier an meiner Stelle zu Ihnen sprechen, für den „Zerfall" Großbritanniens wie auch aller anderen Großmächte aussprechen und mit John Neville Figgis (der die Argumentation des Augustinus zusammenfasst) zu dem Schluss kommen, dass die Welt besser dran wäre, „wenn sie nicht aus ein paar wenigen Ansammlungen bestehen würde, die sich durch Eroberungskriege schützen und in ihrer Begleitung Despotie und Tyrannenherrschaft mit sich bringen, sondern aus einer Gemeinschaft kleiner Staaten, die in Freundschaft zusammenleben, die Grenzen des jeweils anderen nicht überschreiten und nicht von Eifersüchteleien zerfressen sind".

All das steht natürlich reichlich quer zur herrschenden Meinung, die fest und steif behauptet, moderne Probleme ließen sich einzig und allein durch internationale Kooperation im großen Maßstab, durch die Bündelung von Wissen und

Ressourcen, viribus unitis, mithilfe der Vereinten Nationen und was nicht sonst noch lösen. Nur so werde man mit Katastrophen fertig, die – wie Arbeitslosigkeit, Kriminalität, studentische Unruhen, Armut, Umweltverschmutzung, Überbevölkerung, Krieg – die Welt allein schon dadurch vereinen werden, dass sie sich über alle Grenzen hinweg ausbreiten. Dabei übersieht man, dass nichts davon das eigentliche Problem darstellt. Denn es geht nicht um Krieg, sondern um den großen Krieg; nicht um Armut, sondern um massenhafte Armut; nicht um Arbeitslosigkeit, sondern um das Ausmaß an Arbeitslosigkeit. Und da das Ausmaß eines Problems durch die Größe des Gebildes bestimmt ist, das betroffen ist, folgt daraus, dass sich die Probleme sozialen Daseins mit jedem Zuwachs bei der Größe einer Gemeinschaft nicht verringern, sondern verschärfen.

Dabei spielt es keine Rolle, dass größere Gemeinschaften auch über größere Mittel verfügen, um mit Problemen fertigzuwerden. Denn nach gut malthusianischer Art nehmen diese Mittel tendenziell arithmetisch zu, während die Probleme wachsender Gemeinschaftsgröße sich in geometrischem Verhältnis steigern. Infolgedessen überrascht es nicht, dass die Probleme in allen größeren Nationen dieser Welt die Fähigkeit des Menschen, damit Schritt zu halten, schon längst hinter sich gelassen haben. Die krebsartig wuchernden Prozesse der Gemeinschaftsvergrößerung und der internationalen Einigung haben bislang nur eines erreicht: die kleinen Probleme, die sich mit begrenzten Mitteln bewältigen ließen, zu beseitigen und stattdessen große Probleme zu schaffen, mit denen selbst die größten Mächte nicht fertigwerden.

Der Kern meines Vorschlags lautet deshalb, die entgegengesetzte Richtung einzuschlagen. Wenn die zunehmende Größe von Nationen die Schwierigkeiten gesellschaftlichen Daseins überproportional steigert, wird eine Verringerung ihrer Größe – indem man diejenigen zerschlägt, welche die optimalen Proportionen überschritten haben – die Schwierigkeiten zwangsläufig überproportional verringern, und es besteht die Möglichkeit, sie wieder der Fähigkeit des Menschen anzupassen, mit ihnen fertigzuwerden. In meinen Augen gibt es keinen anderen Ausweg. Antwort auf Größe ist Kleinheit, nicht immer größere Einheiten, so wie die Antwort auf die Sintflut die Arche Noah und nicht die Titanic war. Seine Zeitgenossen hielten Noah für verrückt. Vielleicht war er das. Aber von ihm stammen wir ab. Die Experten hingegen sind alle ersoffen.

Das heißt natürlich nicht, dass Probleme nicht auch dadurch verursacht sein können, dass Nationen zu klein oder, was auf das Gleiche hinausläuft, zu jung und unterentwickelt sind. Diese Länder sind aber relativ gesehen von eher nachrangiger Bedeutung. Denn die Natur selbst kümmert sich um diese Sache, indem sie jeden Organismus, der zu klein, zu jung oder unterentwickelt ist, mit einem eingebauten Wachstumsmechanismus versehen hat. Infolgedessen wächst alles, was zu klein ist, nicht nur spontan, bis es groß genug ist, um seine Funktion auf bestmögliche Weise zu erfüllen: Allein die Tatsache, dass etwas zu klein ist, erlaubt ein umso gesünderes Wachstum und ist die Voraussetzung allen Wachstums. Während das Wachstum beim zu Kleinen, Unreifen, Unterentwickelten eine stärkende, reifende und die Form vollendende Wirkung zeitigt, hat es beim Ausgewachsenen, Reifen die genau gegenteilige Folge. Hier führt anhaltendes Wachstum nicht mehr dazu, dass der Organismus gestärkt wird oder reift, sondern dass er altert. Statt Energie setzt er Fett an. Statt die Form voll auszubilden, gerät er aus der Form. Statt dass die Probleme geringer werden, verschärfen sie sich.

Deshalb warnt Colin Clark in seiner Streitschrift über „Growthmanship", über den Wachstumsfetischismus, vor der übermäßigen Fokussierung unserer Zeit auf das Wirtschaftswachstum. Und aus diesem Grund liegt das eigentliche Problem nicht in Nationen, deren Größe klein geblieben ist, sondern in Nationen, die zu groß geworden sind; nicht in Ländern, die unterentwickelt sind, sondern in solchen, die überentwickelt sind. Wie im Falle einer Frau, die Atlantic-City-Maße erreicht hat, ist die entscheidende Frage nicht mehr die weiteren Wachstums, sondern wie sich dieses Wachstum eindämmen lässt. Die eigentliche Frage ist eine der Größe, der Gestalt, der Form. Denn Wachstum hat keinen Selbstzweck. Es dient allein dazu, dass eine Sache ihre funktionsbestimmte Form erlangt, ob nun eine Muschel, ein Zahn, ein Baum, der menschliche Körper, eine Gesellschaft oder eine Nation. Wachstum muss ein Ende finden, wenn es seinen Auftrag erfüllt hat.

Nun aber stellt sich die entscheidende Frage. Nachdem ich vorgeschlagen habe, die großen Nationalstaaten in ihre größenmäßig menschlicheren Regionen, die zufällig auch historisch ihre ursprünglichen politischen Einheiten sind, zu zerteilen: Wie sieht es mit den Volkswirtschaften aus? Wären derartige Kleinstaaten in der Welt, in der wir leben, überlebensfähig? Nachdem ich davon gesprochen habe, das einzige Problem, mit dem der Mensch nicht fertig werde, sei die Größe – und zwar aus dem einfachen Grund, weil er selbst zu klein dafür ist (selbst wenn er sich zu einem Turm von Babel vereint, der uns bemerkenswerterweise nur als Ruine überliefert ist) –, kleide ich meine Antwort in die Form einer weiteren Frage: Sind die großen Staaten lebensfähig?

Meine Antwort ist: Die großen Staaten sind offenbar ständig auf Hilfe angewiesen, um vor dem Zusammenbruch gerettet zu werden, denn mit jedem Zuwachs an Größe nehmen gleichzeitig in überproportionalem Maße ihre Probleme zu, nicht aber ihre Fähigkeit, diese auch zu lösen. Aus diesem Grund sind sie fortwährend bestrebt, noch größere Vereinigungen zu bilden, auf die sie sich stützen können – das atlantische Bündnis, den Gemeinsamen Markt, die Vereinten Nationen –, weil sie das Gefühl haben, zu klein zu sein, um überleben zu können. Den kleinen Gemeinschaften dagegen wie etwa der Schweiz, Island und einer ganzen Reihe anderer geht es recht gut. Als Russland in der Tschechoslowakei einmarschierte, geschah das natürlich deshalb, weil Russland, der übergewichtige Riese, das Gefühl hatte, nicht ohne die Tschechen leben zu können. Die strammen Tschechen dagegen glaubten, dass es ihnen sehr viel besser ginge, wenn sie nicht die Russen auf ihren Schultern tragen und ihnen bei der Lösung von Problemen helfen müssten, die sie selbst gar nicht haben.

Es sind die Großen, die von der Pfundkrise, der Dollarkrise, der Franc-Krise, der Zahlungsbilanzkrise, der Inflation, von Verkehrschaos, Konjunkturzyklen, Umweltverschmutzung, Arbeitslosigkeit, Müllbeseitigung geplagt werden, denn wie die meisten anderen Übel sind auch unsere wirtschaftlichen Schwierigkeiten nicht mehr, wie das früher möglicherweise einmal der Fall war, den gern genannten Ursachen wie dem Kapitalismus, der ungleichen Verteilung oder dem Imperialismus zuzuschreiben. Wie unsere übrigen Gebrechen sind auch sie Folge des Krebsgeschwürs übermäßiger Größe. Infolgedessen würde ein Land wie Großbritannien sogar wirtschaftlich profitieren, wenn es sich in eine Reihe kleiner, überschaubarer und weitgehend eigenständiger Regionen aufspalten würde, statt noch größere skalenmäßige Schwierigkeiten zu riskieren, zu denen es unvermeidlich kommen würde, sollte sich das Land dem Gemeinsamen Markt anschließen, einem Boot, das ohnehin bereits gefährlich überladen ist. Angesichts so vieler anderer Schwergewichte an Bord bedarf es nur noch einer Sache, damit es sinkt, nämlich dass auch noch Großbritannien aufspringt. Es war nicht nur Ausdruck von Gekränktheit, dass Charles de Gaulle dem britischen Botschafter Baron Soames während ihres berühmten Treffens 1969 diese Warnung zuflüsterte. Er riet Großbritannien, die Bemühungen um einen Beitritt zum Gemeinsamen Markt einzustellen, denn dieser, so sein vertraulicher Hinweis, sei ohnehin an einem Punkt angelangt, an dem er vor dem Aus stehe.

Diese Einschätzung mag ein wenig zu düster gewesen sein, doch wenn der GemeinsameMarkt so lange florierte, lag der Grund dafür nicht in seiner enormen Größe. Diese nämlich beschert ihm seine Schwierigkeiten und wird ihn letztlich in seine Einzelteile zerlegen. Der Grund für seinen langjährigen Erfolg ist die enorme Menge an neuer Aktivität, die er in Gang setzte, weil seine Inneneinrichtung verändert und neu arrangiert werden musste, damit sie zur neuen Umgebung passte: ein wenig Schrumpfen hier, Erweiterung dort, die Errichtung von Fabriken, wo bisher keine waren, die Verlegung von anderen, die Schaffung neuer Verkehrs- und Kommunikationseinrichtungen, neue Verwaltungszentren, neue Ämter, neue Arbeitsplätze. Naturgemäß begann der ganze Apparat heiß zu laufen.

Die gleiche Menge neuer Aktivität lässt sich natürlich auch in die entgegengesetzte Richtung lenken: indem man bestehende große Wirtschaftsregionen in Systeme vieler kleiner Gebiete zerlegt. Und da die Prosperität in der neuen Aktivität begründet liegt, ist es egal, wodurch sie ausgelöst wird. Tatsächlich stellte sich der größte wirtschaftliche Fortschritt, wie im Falle der Vereinigten Staaten oder der vor kurzem befreiten afrikanischen Kolonien, immer dann ein, wenn Teilen bislang vereinter Systeme die Unabhängigkeit gewährt wurde, und nicht, wenn bislang unabhängige Länder vereint wurden. Das verschaffte ihnen die Möglichkeit, noch einmal zu wiederholen, was im größeren Maßstab schon lange verknöchert und saturiert war. Und da die Aufspaltung mehr neue Zentren schafft als die Vereinigung, ist die Kette der Wohlstand schaffenden neuen Tätigkeit in einer geteilten, pluralistischen Wirtschaftslandschaft tatsächlich beträchtlich produktiver als in einer geeinten, zentralistisch organisierten.

Das eigentliche Problem unserer Zeit ist demnach nicht die Arbeitslosigkeit, sondern die Dimension der Arbeitslosigkeit, nicht die Gewalt, sondern ihr Ausmaß, nicht der Krieg, sondern der große Krieg, nicht die Gesellschaft, sondern die Größe der Gesellschaft. Der wahre Konflikt, mit dem wir in unserem Bemühen, im zu Ende gehenden 20. Jahrhundert eine bessere Welt zu schaffen, konfrontiert sind, ist nicht mehr der zwischen Schwarz und Weiß, Jung und Alt, Arm und Reich, Arbeitern und Management, kolonialer Befreiung und Imperialismus, Sozialismus und Kapitalismus. Das sind lediglich die beiden Geschlechter der gleichen Art von Kampf, in dem keines ohne das andere irgendeine Bedeutung hat. Der eigentliche Konflikt ist heute der zwischen Mensch und Masse, zwischen Bürger und Staat, zwischen kleiner Gesellschaft und großer, zwischen David und Goliath.

Wider den globalen Größenwahn (1983)

Im Dezember 1983 erhielt Leopold Kohr den Alternativen Nobelpreis. In seiner Dankesrede, die hier in Auszügen wiedergegeben wird, nahm er auf den Roman „1984" von George Orwell Bezug:

Es ist eine große Ehre, anlässlich der Verleihung des Alternativen Nobelpreises 1983 eine Rede halten zu dürfen, am Vorabend dessen, was eines der schicksalsträchtigsten Jahre in der Geschichte zu werden droht, nämlich George Orwells 1984 (...) Was aber ist die rettende Alternative zu den Optionen, die uns von links und rechts offeriert werden? Um eine Antwort zu geben, muss man zunächst einmal die Frage kennen. Was ist unser Hauptproblem? Ist es die Armut? Ist es der Hunger? Die Arbeitslosigkeit? Sind es Korruption, Inflation, Wirtschaftskrise, Jugendkriminalität? Ist es die Energiekrise? Oder der Krieg?

Nichts davon. Das wahre Problem ähnelt dem eines Bergsteigers im Himalaja. Sein Herz tut weh, seine Lungen ächzen, seine Ohren schmerzen, seine Augen sind blind, seine Haut reißt auf, und doch kann ihm kein Herz-, Lungen-, Ohren-, Augen- oder Hautspezialist helfen, denn seinen Organen oder seiner Haut fehlt im Grunde nichts. Sein einziges Problem ist, dass er sich in zu großer Höhe befindet. Er leidet an der Höhenkrankheit, und die Antwort besteht nicht darin, Spezialisten kommen zu lassen, sondern ihn in tiefer gelegene Regionen zu bringen. Nur wenn er auch auf geringerer Höhe noch die gleichen Schmerzen verspürt, ist es sinnvoll, einen Arzt zu konsultieren.

Ähnlich verhält es sich mit den gesellschaftlichen Krankheiten unseres Zeitalters. Nicht die Armut ist unser Problem. Unser Problem ist die ungeheure Ausbreitung der Armut. Nicht die Arbeitslosigkeit ist der Skandal, sondern das Ausmaß heutiger Arbeitslosigkeit; nicht der Hunger, sondern die erschreckend hohe Zahl derer, die davon betroffen sind; nicht die Wirtschaftskrise, sondern ihr weltumspannendes Ausmaß; nicht der Krieg, sondern seine atomare Dimension.

Mit anderen Worten: Das eigentliche Problem unserer Zeit ist nicht materieller Natur, sondern es betrifft die Dimensionen. Es ist ein Problem des Ausmaßes, der Größenverhältnisse, des Umfangs, nicht ein Problem spezifischer Art. Und da die Größe, das Ausmaß gesellschaftlicher Komplexität in ihren Dimensionen aus der betroffenen Gesellschaft resultiert, folgt daraus, dass man damit – analog zur Höhenkrankheit – nur auf eine Weise fertig werden kann: Indem man die Größe der betroffenen Gesellschaft auf Proportionen reduziert, innerhalb derer der Mensch mit seiner begrenzten Statur wieder die Kontrolle darüber gewinnen kann.

Der Mensch wurde nicht deshalb aus dem Paradies vertrieben, weil Eva vom Apfel aß, sondern weil nicht genügend Äpfel für eine wachsende Bevölkerung übrig waren. Also musste er fortan seinen Lebensunterhalt durch eine härtere Produktionsweise im Schweiße seines Angesichts verdienen. Die symbolische Bedeutung der Geschichte von der Austreibung aus dem Paradies liegt deshalb im Feigenblatt als dem ersten Verhütungsmittel und weniger im Apfel als malthusianischer Warnung vor der drohenden Nahrungsmittelknappheit.

Jenseits einer bestimmten kritischen Größe sind wir nicht mehr Herr über unser Schicksal. Denn wie sagte Theophrastus Paracelsus: „Alles ist Gift, ausschlaggebend ist nur die Menge". Das gilt für die Menschheit genauso wie für Grashüpfer. Oder wie Winston Churchill meinte, als er beim Wiederaufbau des britischen Unterhauses nach dem Krieg dafür plädierte, dass es seine ursprüngliche kleine, enge, längliche Form behalten müsse, wenn man den Debattiergeist der Demokratie bewahren wolle: „Wir formen unsere Gebäude, aber später dann formen unsere Gebäude uns."

Die Lösung für die Defizite eines unkontrollierten Kapitalismus liegt deshalb nicht mehr – wie das vielleicht früher der Fall war – darin, gelenkte Koordination und sozialistische Kontrollen einzuführen. Denn die Führerschaft weder der einen noch der anderen Ideologie kann etwas kontrollieren, das wegen der übermäßigen Größe unseres vereinten politischen und ökonomischen Umfelds jeglicher menschlicher Kontrolle entwachsen ist. Nicht einmal der Computer kann dabei helfen.

Ebenso wenig liegt die Lösung in einem Zusammenschluss von Völkern oder Nationen. Das würde das Problem der übermäßigen Größe schlicht noch verschlimmern. Denn wenn das Hauptproblem eines der übermäßigen Größe ist, der unüberschaubaren Dimensionen, des krebsartig wuchernden Überwachstums, dann kann die einzig praktikable Lösung nicht in noch größeren Einheiten liegen, die jedes Problem entsprechend noch weiter verschärfen würden, sondern nur in der entgegengesetzten Richtung: in der Kleinheit. Allein sie kann die Fülle an Folgeproblemen lösen, die aus dem Hauptproblem der übermäßigen gesellschaftlichen Größe erwachsen. Und es löst sie nicht, indem sie sie aus der Welt schafft, sondern indem sie sie durch die Reduzierung ihres Ausmaßes kontrollierbar macht.

Politisch wurde das vorgemacht in den erfolgreichen kantonalen Strukturen föderaler und konföderaler Unternehmungen, die vom riesigen Heiligen Römischen Reich Deutscher Nation bis hinunter zur kleinen Schweiz und wieder hinauf zu den Vereinigten Staaten reichen. Sie zeigen, dass selbst eine Union die Größenprobleme in den Griff bekommen kann, solange die untergeordneten Teileinheiten gleich (oder sogar ungleich) klein sind. Militärisch wurde es durch die „Waffenruhe Gottes" (treuga Dei) im Mittelalter vor Augen geführt. Diese hat die Aktionen der Kriegführenden aufgespalten und begrenzt. Klugerweise verbot sie nie den Krieg. Alles, was sie tat, war, ihn auf erträgliche Dimensionen zu reduzieren, indem sie kriegerische Handlungen an Wochentagen, niemals aber an

46

Samstagen, Sonn- und Feiertagen erlaubte – und von denen gab es so viele, dass der Frieden gesichert war.

Die Antwort auf das Problem der Größe lautet deshalb nicht Sozialismus, Kapitalismus, Fusionismus oder Pazifismus, wie uns ständig vergeblich gepredigt wird. Die Antwort auf Größe (bigness) ist Kleinheit (smallness). Denn, es sei noch einmal betont, die Hauptursache für das menschliche Elend sind nicht mehr Ideologie, Religion oder Wirtschaftssystem, sondern übermäßige Größe. Wenn Kleinheit die Antwort ist, dann nicht, weil sie so „beautiful" ist, wie Fritz Schumacher das in seinem Bestseller so prägnant formuliert hat – ein Bestseller übrigens, den zwar viele loben, an den sich aber kaum jemand hält. Kleinheit ist wunderbar, weil sie auch natürlich ist, weil sie im Einklang steht mit der Struktur der Dinge oder weil sie „lebensrichtig" ist, was, ins Englische übersetzt, genau die gleiche Vorstellung zum Ausdruck bringt, die auch der Right Livelihood Foundation zugrunde liegt, der Begründerin des Alternativen Nobelpreises. Genau darin, dass sie „lebensrichtig" ist, liegt denn auch die grundlegende Stärke des Plädoyers für Kleinheit. Sie ist das Bauprinzip des Universums in all seinen Ausformungen – physisch, mathematisch, chemisch, musikalisch, biologisch, architektonisch, medizinisch, ökonomisch, politisch und gesellschaftlich.

Erwin Schrödinger, Nobelpreisträger für Physik, hat in seinem entzückenden Büchlein „Was ist Leben?" nicht nur gezeigt, dass Atome klein sind, wie jeder weiß, sondern auch die eigentlich wichtige Frage beantwortet, warum sie klein sind. Da es sie in riesiger Zahl gibt und sie sich ständig in unbegrenzter Freiheit bewegen, müssen sie statistisch gesehen in immer wiederkehrenden Zusammenstößen aufeinanderprallen. Wären sie groß oder mit großen Exemplaren durchsetzt wie Krebszellen im menschlichen Körper oder Großmächte im Körper namens Politik, würden ihre Kollisionen unausweichlich in Zerstörung münden. Da sie jedoch klein sind, sind ihre Zusammenstöße – wie die tanzender Paare – nicht nur harmlos, sondern sorgen auch für eine niemals endende Kette neuer Konstellationen, Formen und Ordnungen, indem sie mit jeder Störung die Kräfte freisetzen, die zu einem neuen Gleichgewicht führen. Sie ähneln damit den empfindlichen Mobiles, die über den Schreibtischen nervöser Beamter hängen und mit ihren zarten Bewegungen, die jeder Lufthauch verursacht, eine beruhigende Friedlichkeit verströmen – ohne Lenkung, ohne Richtung, ohne Kontrolle. In einem Universum kleiner Teile bedarf es nicht einmal eines Eingreifens des Schöpfers, der diese Welt formte; er ist zufriedener Betrachter seiner Schöpfung und nicht unermüdlich intervenierender Aufpasser.

In der Philosophie war der eloquenteste der frühen Verteidiger der Kleinheit als Heilmittel für gesellschaftliche Krankheiten kein Geringerer als Aristoteles. Sein Idealstaat lässt sich mit einem einzigen Blick überschauen und in ihm lassen sich alle Probleme lösen, weil alles durchschaubar ist, die Beziehungen transparent sind und nichts verborgen bleiben kann. Daran dachte ich, als ich den Liechtensteiner Premier Alexander Frick 1945 fragte, ob sein Land wie Großbritannien, Frankreich, China, Italien, Deutschland und Japan amerikanische Hilfe brauche. „Warum um Himmels willen sollten wir Hilfe benötigen?", sagte er, „bis eine Großmacht überhaupt einmal aus einer Katastrophe lernt, haben wir den Schaden fast schon behoben."

Nicht Vereinigung, Kapitalismus oder Sozialismus, sondern die Rückkehr zu einem angemessen aufgeteilten Netzwerk kleiner Zellen, die wie in einer weltumspannenden Ordnung locker miteinander verbunden sind, bietet deshalb heute wie schon seit Jahrhunderten die Chance, die Standards unterentwickelter Regionen erfolgreich zu erhöhen. Diese kleinen Zellen müssen einzig und allein die materiellen und geistigen Ressourcen ihrer unmittelbaren Nachbarschaft nutzen. Damit sparen sie das, was Henry Charles Carey „die erste und schwerste Steuer, die das Land und die Arbeit zu zahlen haben", nannte: die Transportkosten; diese steigen geometrisch mit jeder arithmetischen Zunahme der Entfernung und verschlechtern Lebensstandard und Lebensqualität gerade durch die Hilfe, die beides verbessern soll.

Deshalb waren antike und mittelalterliche Klöster, die ihre Energien auf die Kultivierung ihrer unmittelbaren Umgebung konzentrierten, in der Lage, sich von den zerfallenden Imperien um sie herum abzugrenzen, die aufrechterhalten wurden durch eine lässliche, einem machtlosen Regierungsapparat dienende Bürokratie. Und sie konnten – fern aller Zerstörung und Regierungsvorgaben – das funkelnde Netzwerk quasi souveräner Gemeinschaften aufbauen. Mithilfe von Wasser, Wind und Muskelkraft brachten sie Landwirtschaft, Ackerbau, Forstwirtschaft und Fischerei zur Blüte. Und wenn ihre materiellen Bedürfnisse auf regionaler Basis befriedigt waren, begannen die Mönche damit, ihre Zellen mit unsterblichen Malereien auszuschmücken, Musik für ihre Gebete zu komponieren, den Jungen Latein und Griechisch beizubringen, Literatur, Architektur und die Künste zu fördern und die antiken Autoren in illustrierten Handschriften auf dauerhaftem Pergament abzuschreiben, ohne die die Wurzeln der westlichen Kultur spurlos verschwunden wären.

Kleinheit ist der einzige Weg, der natürlich, vernünftig, lebensrichtig, praktisch, wissenschaftlich und obendrein wundervoll ist. Was nicht funktioniert sind Größe, Vereinigung, Integration, das Singen internationaler Hymnen, Händchenhalten und geschwätziges Konferieren, woran all jene glauben, die die Zügel der Macht in ihren Händen halten.

Die wahre Konfrontation unserer Zeit ist die zwischen Mensch und Mensch, Individuum und Gesellschaft, Bürger und Staat; zwischen der kleinen Gemeinschaft und der großen, zwischen David und Goliath. Wie sagte André Gide auf dem Totenbett: „Ich glaube an die Tugend kleiner Nationen. Ich glaube an die Tugend kleiner Zahlen. Die Welt wird von wenigen gerettet werden."

Ernst Fritz Schuhmacher (r.), Autor des Buches „Small ist beautiful" mit seinem
„Lehrer" Leopold Kohr.   *Foto: Archiv Tauriska*

Als erster Österreicher erhielt Leopold Kohr im Jahr 1983 den Alternativen
Nobelpreis in Stockholm.   *Foto: Archiv ANP*

Unter dem Titel „Rückkehr zum menschlichen Maß" fand zu Ehren von Leopold Kohr im April 1982 das erste internationale Symposion in Salzburg statt. Im Bild: Leopold Kohr (sitzend) umgeben von Freunden, Wissenschafter und Persönlichkeiten aus aller Welt.   *Foto: Tautscher*

Zum Gedankenaustausch trafen sich im Garten von Alfred und Julia Winter der Zukunftsforscher Robert Jungk (l.), Leopold Kohr und Jim Botkin vom Club of Rome.   *Foto: Archiv Winter*

Wie Kohrs Visionen wirksam wurden

Publizistischer Widerstand gegen Hitler

In seinem Buch „Das menschliche Maß. Eine Utopie?" hat Gerald Lehner die Zeit Leopold Kohrs im spanischen Bürgerkrieg und seines Widerstands gegen Hitler ausführlich dargestellt. Demnach gelangte Kohr von Paris aus im Frühling des Jahres 1937 nach Spanien, wo er als Berichterstatter für österreichische und Schweizer Zeitungen sowie seine Pariser Agentur im Spanischen Bürgerkrieg tätig ist. Die Erfahrungen, die er dort machte, vor allem das Zusammentreffen mit Zeitungskorrespondenten aus aller Welt und das Eintauchen in die Gedankenwelt der spanischen bzw. katalanischen Anarchisten und Regionalisten, wurden prägend für seine Philosophie und bestärkten ihn in seiner politischen Meinung. Vor allem die Selbstregierung von Katalonien und Aragon beeindruckten den jungen Kohr, wie auch die Verwaltung der Städte Alcoy und Caspe, die von Anarchisten regiert wurden.

Auf die von Gerald Lehner gestellte Frage, an welchen Zielen der spanischen Anarchisten er Gefallen fand, antwortete Kohr: „Alles lokal im Kleinen zu lösen. […] So wenig Regierung wie möglich. Und dazu bedarf es einer kleinen Gemeinschaft. Was im Kleinen friedlich gelöst werden kann, führt im Großen mit Zentralstaaten zu Massenmord und Krieg." Kohr wurde zum überzeugten Anarchisten, gleichwohl er ein romantisierendes Verständnis dieser politischen Ideenlehre vertrat: „Frei von Ideologien! Das ist Anarchismus! Es ist die edelste der Philosophien." Dabei war dem Querdenker stets bewusst, dass es utopisch war zu glauben, man könne vollständig auf staatliche Organisation und Autorität verzichten. Die beste Regierung ist für Kohr eine schwache Regierung, die sich nur in einem Mindestmaße in die Privatsphäre der Bürgerinnen und Bürger einmischt, sodass diesen ein gutes Leben garantiert werden kann.

Während seines Aufenthaltes in Spanien traf Leopold Kohr mit mehreren Persönlichkeiten zusammen, die dort ebenfalls als Journalisten tätig waren: George Orwell, Ernest Hemingway und André Malraux. Mit den beiden Letztgenannten teilte sich Kohr ein Korrespondentenbüro in Valencia. Alle drei hatten eine durchaus ähnliche Gesinnung wie Kohr. George Orwell, dem in den 1940er Jahren mit seinem Roman „1984" der literarische Durchbruch gelungen war, war ein überzeugter Gegner des totalitären Staates und gleichermaßen erbitterter Gegner von Faschismus und Kommunismus. In gemeinsamen Gesprächen mit Kohr wurde über Politik und Geschichte debattiert, es wurden Zukunftsszenarien entwickelt und aktuelle zeitgenössische Probleme erörtert. Eines dieser Probleme ist auch gegenwärtig viel diskutiert: der Überwachungsstaat. Als der Salzburger und der Brite auf ein Plakat zu sprechen kamen, welches über dem Hauptplatz von Valencia hing und die Bewohner daran erinnern sollte, dass der Feind nur 150km entfernt sei, lautete ihr Kommentar: „Nicht 150 Kilometer ist er entfernt! Er ist schon da – mitten unter uns! Der Krieg ist diese neue Art von Feind: die totale Kontrolle in der Massengesellschaft."

André Malrauxs Auftreten, welches freundschaftlich und respektvoll war, hat Kohr damals sehr imponiert. Malraux wurde, nachdem er dem Kommunismus den Rücken zugewandt und im französischen Widerstand gekämpft hatte, schließlich ein wichtiger Berater des französischen Präsidenten Charles de Gaulle sowie Informations- und Kulturminister. Im Winter des Jahres 1937/38 kehrte Kohr zu seiner dänischen Freundin zurück nach Paris. Wenig später, im März 1938, marschierte Hitler in Österreich ein und Leopold Kohrs Leben sollte damit eine neuerliche Wendung nehmen. Er gründete zusammen mit Ernst Hoor und Otto Habsburg, die er auf einer Feier von Auslandsösterreichern kennengelernt hatte, in Paris eine Widerstandsbewegung. Sie unternahmen eine Reise nach Genf zum Völkerbund um zu bewirken, dass österreichische und deutsche Flüchtlinge getrennt behandelt wurden. Ihr Ansuchen blieb allerdings ohne Erfolg und sie mussten feststellen, dass die Behörden Hitlers Vorgehen, den Anschluss Österreichs an Deutschland, bereits indirekt legitimiert hatten.

In der französischen Zeitschrift *Globe* publizierte Kohr den Artikel *„Sa Guerre"*, zu Deutsch „Sein Krieg". Er warnte darin vor Hitlers Größenwahn und Kriegslust und verurteilte das lasche Vorgehen der internationalen Mächte, allen voran Großbritannien, Frankreich und der USA, welche die von den Nationalsozialisten ausgehende Gefahr klar unterschätzt hatten. Dabei nahm er konkret Bezug auf das Gipfeltreffen vom September 1938 zwischen Hitler und Mussolini. Kohrs Warnung wurde nicht ernst genommen, im Gegenteil, sein Warnruf ist in Paris öffentlich belächelt worden. Schließlich gab es zu dieser Zeit unter den Franzosen, wie auch den Bewohnern anderer Ecken Europas, noch zahlreiche Bewunderer Hitlers.

Leopold Kohr fühlte sich auf europäischem Boden nicht mehr sicher und beschloss auf schnellstem Wege in die USA auszureisen. „Ich bin lieber ein Knecht in einem freien Lande als frei in einem geknechteten Land", sagte er später über seine Fluchtgründe. Doch eine solche Ausreise stellte ein schwieriges und nicht ungefährliches Unterfangen dar. Um ein Visum für die USA zu erhalten, brauchte es die Zustimmung der deutschen Behörden. Kohr, ein Gegner Hitlers, der keine Wehrpflicht geleistet hatte, und nach dem NS-„Rassengesetz" als Jude galt, sah sich somit gezwungen, in das von den Nationalsozialisten beherrschte Österreich zurückzukehren. Das Vorhaben gelingt, nachdem Kohr den Beamten versichert hat, dass es sich nur um einen kurzen Aufenthalt aus wissenschaftlichen Gründen handle. Mit dem Stempel in der Tasche nimmt Kohr den Zug von München nach Paris, erhält dort sein Visum und gelangt per Schiff in die USA. Apropos jüdisch: Kohr hat nicht gern über seine jüdischen Wurzeln gesprochen, sondern dieses Thema lieber verdrängt. Angeblich war Kohrs Vater nach nationalsozialistischer Auffassung „Volljude". Da er jedoch während des Naziputsches von 1934 in Lamprechtshausen als Arzt nicht nur das Leben von Mitgliedern der Heimwehr, sondern auch das von Nationalsozialisten gerettet hatte, erklärte man ihn vier Jahre später zu seinem Schutze kurzerhand zum „Halbjuden".

Im Herbst 1938 ging das Schiff im Hafen von New York vor Anker. Kohr, der offiziell als Tourist eingereist war, hatte seine finanziellen Mittel bald ausgeschöpft. Er wurde von der Familie des Bäckers Lämmermeyer, eines Oberndorfers und Bekannten seines Vaters, gastfreundlich in ihrer Wohnung in Harlem aufgenommen. Nach einigen Wochen reiste Kohr weiter nach Kanada, Toronto, wo er einen Asylantrag stellte. Doch Kanadas Einreisebestimmungen waren streng und einem Flüchtling war es ohne die entsprechenden finanziellen Mittel kaum möglich, eine Aufenthaltsgenehmigung zu bekommen. So erhielt auch Kohr einen negativen Bescheid und stand, nachdem er vergeblich versucht hatte, Kontakt zu Auslandsösterreichern in Kanada herzustellen, kurz vor seiner Rückreise nach New York. Die Hilfe kam zur rechten Zeit in der Person des Historikers George

Wrong. Dessen Beziehungen reichten bis in die kanadische Regierungsspitze und machten ein Flüchtlingsvisum für Kohr nun doch möglich. Kohr begegnete erneut Otto Habsburg sowie dessen Mutter, der ehemaligen Kaiserin Zita, die in Kanada im Exil lebte. Der Anarchist Kohr unterstützte die vom konservativen Habsburg gegründete Widerstandsgruppe „Österreich-Frei-Bewegung" und organisierte eine Vortragsreihe von Exilösterreichern an der Universität Toronto. Gemeinsame Ziele und persönliche Sympathie standen über den zum Teil sehr gegensätzlichen politischen Anschauungen der beiden Charaktere.

1939 reiste Kohr weiter in den Nordwesten Kanadas, nach Matson, um seinen ebenfalls vor den Nationalsozialisten geflüchteten Bruder zu besuchen. Er fand Arbeit in einem Goldbergwerk und erlitt wohl aufgrund der schweren Arbeitsbedingungen einen Hörsturz. Anfang des Jahres 1941 begab er sich deshalb in das warme Kalifornien, wo er sich Linderung erhoffte und sich mit Gelegenheitsjobs über Wasser hielt. Zutiefst beunruhigt von Hitlers militärischem Vorgehen, meldete sich Kohr in Los Angeles zum amerikanischen Militär, um in Europa für den Niedergang der Nationalsozialisten und die Freiheit Österreichs zu kämpfen. Aufgrund seines Hörleidens wurde er allerdings abgewiesen. Er griff anstatt zur Waffe erneut zur Schreibfeder.

Kohr schrieb fortan für renommierte und teils auch sehr einflussreiche Zeitungen, darunter die New York Times und die Washington Post. Seine Berichte, Reportagen und

Essays thematisierten Österreichs Rolle im Zweiten Weltkrieg und die Zukunft der Alpenrepublik. Er plädierte für
ein freies, eigenständiges Österreich und versuchte, das bei
den alliierten Mächten vorhandene negative Österreich-
Bild zu modifizieren. Vom Jahresende 1941 bis 1944 hielt
sich Leopold Kohr in Washington D.C. auf, wo er für die
Friedensstiftung Carnegie Endowment for International
Peace arbeitete. Er forschte zur Geschichte europäischer
Wirtschaftsgemeinschaften und zum Thema Zollunionen
und ahnte noch nicht, dass die Resultate seiner Arbeit später
bei der Gründung der Europäischen Wirtschaftsgemein-
schaft (EWG) eine tragende Rolle spielen würden.
Anschließend erhielt Kohr einen Lehrauftrag für National-
ökonomie und Politische Philosophie an der Rutgers
University in New Brunswick, New Jersey. Dort machte er
Bekanntschaft mit dem Lateinamerikaexperten Robert J.
Alexander. Es entwickelte sich eine enge Freundschaft und
Kohr lebte knapp sechs Jahre lang in einer Wohngemein-
schaft mit dem Ehepaar Alexander. Während dieser Zeit
entstand Kohrs Hauptwerk „The Breakdown of Nations".

Zu Beginn der 1940er Jahre, als Hitler auf dem Höhepunkt
seiner Macht war, waren in den USA die öffentlichen Diskussionen geprägt von der Sorge, der Diktator könne die
Weltherrschaft übernehmen. Es bildeten sich die verschiedensten Theorien, wie man dieser Gefahr gegenübertreten
könnte. Die populärste davon sprach sich für die Bildung
von überstaatlichen Verbänden aus, um den Frieden zu
sichern, ganz nach dem Motto „Union Now". Dieses war

der Titel eines Bestsellers von Clarence K. Streit, der in den USA weit verbreitet war. Die Anhänger dieser Theorie der übergroßen Machtkomplexe, darunter Journalisten wie Clarence K. Streit, Kommentatoren sowie Großmachtpolitiker, sahen in einer wirtschaftlichen und politischen Union führender demokratischer Staaten eine Möglichkeit, die Bedrohung durch den Faschismus abwenden zu können.

Die Begeisterungswelle erfasste zunächst auch den Salzburger Leopold Kohr, der sich zum Zeitpunkt der Veröffentlichung des Buches von Streit in Kanada befand. Die Welle konnte ihn jedoch nicht mit sich reißen. Nach Gesprächen mit seinem Gastgeber, dem kanadischen Historiker George Wrong, kehrte Kohr der Idee des gigantischen Zusammenschlusses endgültig den Rücken. Seine Meinung brachte er in dem Essay „Disunion now", der 1941 in der linkskatholischen New Yorker Zeitschrift „The Commomweal" publiziert wurde, zum Ausdruck. Über die Ansichten seiner Zeitgenossen, die er als „Einheitsfanatiker" bezeichnete, schrieb er darin: „Die politischen Theoretiker unserer Zeit, die nur das Große im Auge haben, halten den bloßen Gedanken, mehr anstatt weniger Staaten zu schaffen, für einen Rückschritt ins Mittelalter. Sie alle sind für Einigung und Gigantismus, obwohl Einigung über gewisse Grenzen nichts darstellt als totalitäre Gleichschaltung."

Dass Kohr für sein Buch „Das Ende der Großen" ganze sechs Jahre lang keinen Verleger finden konnte, zeugt davon, wie wenig angesehen seine Theorien zur damaligen

Zeit waren. Im Vorwort zur englischen Ausgabe von „Das Ende der Großen" schrieb Leopold Kohr: „Da ich die Rückkehr zur Kleinheit vorgeschlagen habe, wurde ich schon in den frühen vierziger Jahren für einen Spinner gehalten".

Aufstand in Anguilla – das Projekt seines Lebens

1967 unterstützt Leopold Kohr ein politisches Experiment auf der kleinen karibischen Insel Anguilla. Die Bevölkerung wollte sich vom britischen Mutterland nicht länger bevormunden lassen und erklärte sich nach einem Referendum für unabhängig. Für kurze Zeit triumphierten die Kleinen über ein mächtiges Reich. Aber am 19. März 1969 landeten 338 britische Soldaten – Grenadiere der Königlichen Marine und Red-Devil-Fallschirmjäger – auf Anguilla. Bei einer Bevölkerung von 5800 Einwohnern war die Invasion im Weltmaßstab unbedeutend. Kein einziger Schuss fiel, die Inbesitznahme verlief friedlich. Die Regierung des britischen Premierministers James Harold Wilson erntete Spott, weil der militärische Aufwand gegen ein Land, dessen Bewaffnung aus veralteten Gewehren und zwölf Kanonen aus napoleonischer Zeit bestand, völlig überdimensioniert erschien. Im Jargon der damaligen Zeit hieß es, dass rebellische Geister, die kurz zuvor respektlos den als diplomatischen Vermittler entsandten britischen Staatsminister William Whitlock verjagt hatten, zur Räson gebracht wurden.

Ein Teil der Bevölkerung empfing die Briten überaus freundlich. Kinder mit Blumen sollen die Invasoren begrüßt und Erwachsene „God Save the Queen" gesungen haben. Andere Bürger des Landes verhielten sich feindselig. Ihnen wollte nicht einleuchten, dass Anguilla auf eine europäische Macht angewiesen sein sollte. Der Vorsitzende des Inselrates Ronald Webster forderte vergeblich den Abzug der sich in seinen Augen unrechtmäßig als Besatzungsmacht aufspielenden Briten. Die waren jedenfalls daran interessiert, klare Verhältnisse zu schaffen und ein aus der Not entstandenes politisches Experiment zu beenden.

Der Aufstand der Inselbevölkerung gegen Großbritannien hatte sich daran entfacht, dass die fremden Herrscher gegen den Willen der Inselbewohner den Beschluss fassten, Anguilla in einem Dreierverband mit den Nachbarinseln St. Kitts und Nevis aufgehen zu lassen. Der Plan erwies sich als ein typischer Schreibtischentwurf. Außer der geografischen Nähe verband die drei Inseln nichts miteinander. Es bestanden Animositäten und Feindseligkeiten, von denen Beamte in Großbritannien keine Ahnung hatten. Dabei kamen aus St. Kitts deutliche Signale, wie die neuen Machtverhältnisse aussehen sollten. Der Premierminister von St. Kitts machte früh deutlich, dass er in der Föderation die Einflussnahme aus Anguilla nach Kräften zurückdrängen wollte. Überliefert ist sein Satz, der im Stil eines Demagogen verdeutlichte, wie er mit den „Bobo Johnnys" (so wurden die Anguillaner abwertend genannt) zu verfahren gedachte: „Ich werde Salz in ihren Kaffee und Knochen in ihren Reis tun."

Kein Wunder, dass man in Anguilla alle Anstrengungen unternahm, aus dieser Föderation beizeiten auszusteigen. Lieber als in eine fragwürdige Freiheit entlassen zu werden, in der man sich als Teil einer aufgezwungenen Dreiergemeinschaft wiederfand, wollte man sich der Herrschaft der Briten fügen. Diese machten ihre Entscheidung nicht rückgängig, und so gab Anguilla am 30. Mai 1967 seinen Austritt aus der „Associated Statehood" bekannt. Die Regierung in St. Kitts reagierte hart und beschlagnahmte alle Postsendungen nach Anguilla.

Von nun an war die in die Isolation gezwungene Bevölkerung darauf angewiesen, sich selbst zu organisieren. Sie schuf sich eine eigene Währung und eigene Briefmarken. Die Wirtschaft wurde in Schwung gebracht, indem man verstärkt auf die Landwirtschaft, die Salzproduktion und den Tourismus setzte und Straßen baute. Am 9. Jänner 1969 proklamierte die Insel auch noch die Unabhängigkeit von Großbritannien. Die Hoffnung des Mutterlandes, Anguilla würde sich, ernüchtert von den Härten der Eigenstaatlichkeit, reumütig den Direktiven fügen, hatte sich nicht erfüllt. Die Haltung gegenüber den störrischen Inselbewohnern hatte sich nach diesen Erfahrungen jedoch geändert. Anguilla wurde direkter britischer Verwaltung unterstellt, im Dezember 1980 erhielt es den Status eines „British Dependent Territory". Innere Selbstverwaltung wird dem Land zugestanden, die Abhängigkeit von Großbritannien aber bleibt.

Im Fall von Anguilla schlug die Stunde des Leopold Kohr. Er hielt nichts von Theorien, die erdacht wurden, um in die Lebenswirklichkeit von Menschen einzugreifen. Er behauptete, dass diese selbst wüssten, in welcher Welt sie leben wollten. In Anguilla konnte er zuschauen, wie seine der Praxis abgeschauten Theorien an einem anderen Ort wieder praktisch wurden. Die Politik müsste die Voraussetzungen schaffen, die aus dem prallen Leben hervorgegangenen Vorstellungen, wie eine Stadt, wie ein Land zu gestalten sei, Wirklichkeit werden zu lassen.

Kohr vertrat die Ansicht, dass man niemals den Planern das Feld überlassen dürfe. Die neigten dazu, sich selbst zu verwirklichen und auf die Bedürfnisse der Menschen zu vergessen. Dank seiner Lehrtätigkeit an der Universität von San Juan in Puerto Rico war er vertraut mit karibischen Verhältnissen und beobachtete mit Schrecken, wie gierig sich Großmächte bemühten, dort ihre Macht auszubauen. Mithilfe einflussreicher Freunde in den USA und Kanada schuf Kohr eine „Staatsgründungsaktion" und machte Anguilla zu einem Ereignis für die Weltöffentlichkeit. Seinem Einfluss ist es auch zu verdanken, dass die Strände nicht mit amerikanischen Großhotels zugebaut wurden. Der griechische Reeder Onassis stieß auf Ablehnung, als er Anguilla als Basis für seine Schiffe nutzen wollte.

Kohrs Wiederentdeckung und die Kelten in Salzburg

Mit 64 Jahren trat Kohr seine Pension an und übersiedelte nach Aberystwyth in Wales, Großbritannien, wohin er schon zuvor Kontakte geknüpft hatte. Gwynfor Evans, Vorsitzender der walisischen Partei „Plaid Cymru", hatte von Kohrs Projekt in Anguilla gelesen und setzte sich nun mit ihm in Verbindung. Interessanter Weise haben Wales und Kohrs alte Heimat, das Salzburger Land, gemeinsame historische Wurzeln: die Kelten. Dazu sagte Kohr mit dem für ihn typischen Humor: „Die Österreicher sind die Kelten, die zu Hause geblieben sind. Die Waliser sind den Österreichern in Charakter, Temperament und leider auch in Schlamperei ähnlich. Von Geburt bin ich Österreicher und laut Staatsbürgerschaft ein Amerikaner. Der Wohnsitz macht mich zum Engländer. Aber im Herzen bin ich längst ein Waliser geworden."

Kohr übernahm nach seiner Übersiedelung eine Professur am University College Aberystwyth und wurde durch sein vielfältiges Engagement für ein unabhängiges, selbstbestimmtes Wales zum Schutzpatron der walisischen Kultur und des keltischen Nationalismus. Ein letztes Mal wechselte Kohr 1986 seinen Wohnsitz. Er zog in die Industriestadt Gloucester, wo er sich nur bedingt wohl fühlte. Aus diesem Grunde war auch eine Rückkehr nach Oberndorf geplant, doch dazu sollte es nicht mehr kommen. Am 26. Februar 1994 starb Leopold Kohr im Alter von 85 Jahren in seinem Haus in Gloucester. Bis zuletzt war er voller Ta-

tendrang, begab sich auf Vortragsreisen, schrieb Zeitungsberichte, besuchte Bibliotheken, pflegte soziale Kontakte
und verlor nie seinen Witz und Humor, auch wenn es um
körperliche Wehwehchen ging.

Kelten spielten auch bei Kohrs Wiederentdeckung in Salzburg zumindest eine Nebenrolle. Alfred Winter, Gründer
der „Szene der Jugend" in Salzburg, Verleger und Landesbeauftragter für kulturelle Sonderprojekte, organisierte die
erste Salzburger Landesausstellung zum Thema „Die Kelten in Mitteleuropa", die 1980 im Keltenmuseum in Hallein
stattfinden sollte. In seinem Büro im Trakl Haus arbeitete
die Assistentin Elizabeth Mortimer aus Großbritannien, die
zu dem damaligen Zeitpunkt „ständig von einem alten
Mann belästigt" wurde. Weil dieser Herr sie mehr oder weniger bei der Arbeit aufhielt, sprach der Kulturmanager sie
darauf an. „Na, der will doch eigentlich dich kennenlernen", kam prompt die Antwort. Und das aus gutem Grund,
wie es sich herausstellte, als Kohr wieder einmal in Salzburg seinen Urlaub verbrachte.

Kohr, der Wahlwaliser, hatte sehr gute Kontakte weltweit
und versprach nicht nur die „walisischen Kelten" – den
„Erzdruiden" Geraint Bowen und Gwynfor Evans von der
„Plaid Cymru" – zur Keltenausstellung nach Hallein zu
bringen, sondern auch Freunde aus Kanada, New York und
sogar Japan einzuladen. Alfred Winter nahm dieses Ange-
bot begeistert auf. Die Keltenausstellung wurde in jeder
Hinsicht ein voller Erfolg und schnell entwickelte sich zwi-

schen ihm und Leopold Kohr eine tiefe Freundschaft. Während zahlreicher Treffen, oft in Form von Partys im Hause Winter, erzählte Kohr schließlich auch, wer und was hinter *„Small is beautiful"* steckte.

Winter war anfangs von dieser Idee nur mäßig begeistert: „Was mach' ich mit *Small is beautiful?"* Doch bald entdeckte er in Kohrs Philosophie Parallelen zu seiner eigenen Arbeit als Kulturbeauftragter des Landes Salzburg und beschäftigte sich verstärkt mit dieser Gedankenwelt. Im September 1980 kam Leopold Kohr vor seiner Rückreise nach Wales in Winters Büro und knallte ihm zehn, zwölf englische Bücher auf den Tisch. Sein Lebenswerk. Eine Wahrsagerin hatte Kohr zuvor gesagt, dass er in vier Wochen nach Salzburg zurückkehren müsse, um hier zu sterben. Während Kohr, der eigentlich nicht an solchen Hokuspokus glaubte, wieder aus Salzburg abreiste, studierte Winter dessen Werke und staunte dabei nicht nur über Inhalt und Umfang, sondern auch über ein Vorwort von Kenneth D. Kaunda, damaliger Staatspräsident von Sambia, und ein Vorwort von Ivan Illich, dem Zivilisationskritiker. „Keiner kennt Leopold Kohr bei uns und der kommt zurück, stirbt vielleicht wirklich und dann kommen wir im Nachhinein drauf, dass er eine tolle Philosophie entwickelt hat", dachte Winter und aktivierte seine Kontakte in die Presse- und Fernsehwelt. Er führte auch ein Telefonat mit Kohr in Wales: „Herr Professor, sie können schon kommen, aber mit'm Sterben is nix, denn jetzt werdn's erst entdeckt!" Und genauso passiert es. Kohr kommt zurück nach Salzburg, erleidet einen Herzinfarkt – und bleibt am Leben. Im Vorwort zur deutschen Ausgabe eines seiner Bücher dankte Kohr Alfred und Julia Winter, „die dazu beigetragen haben, mich aus dem Jenseits zurückzuholen."

„How to be a guest" und das akademische Wirtshaus

Um die Verbreitung von Kohrs Gedankengut zu realisieren, folgten Vorträge, Interviews, Fernsehsendungen und Zeitungsberichte über den Philosophen. Außerdem wurde in Neukirchen am Großvenediger die Leopold Kohr®-Akademie gegründet und damit begonnen, seine Werke aufzuarbeiten, einen Verleger zu suchen und die in Englisch verfassten Schriften ins Deutsche zu übersetzen. Kohr ebnete seinerseits den Salzburger Freunden alle Wege, unter anderen zu John Seymour, dem britischen Autor, Farmer und Pionier der Selbstversorgung. „Ihr müsst nur sagen, dass ihr Freunde von mir seid, dann wird er euch sofort empfangen", meinte Kohr. Uns so war es. „Oh, come directly", hieß es auf den Anruf der Freunde von Kohr. Seymour zeigte die riesige Farm, auf der alles in Eigenproduktion hergestellt wurde.

Leopold Kohr galt als liebenswürdiger Mensch, der freilich auch gut streiten konnte. Sein Nachbar in Aberystwyth war ein Bäcker, der Kohr immer mit Mehl den Eingang angestaubt hat. Daraufhin hat der Philosoph ganz unphilosophisch sein Haus verkauft. Sein Prinzip der Gastfreundschaft schrieb Kohr in dem Manuskript „How to be a guest" nieder. Es konnte allerdings nie veröffentlicht werden, weil der Autor es einem Freund in Liechtenstein geschenkt hat, der aus Salzburg stammte. Wenn Freunde von Kohr nach Salzburg kamen, mussten seine Salzburger Freunde stets parat stehen. „Kohr rief an und sagte, Alfred, es kommt der Parlamentspräsident von London, also von England, der Mister Speaker", erzählt Alfred Winter. „Und das hat bedeutet, dass man alles hat fallen lassen und drei Tage nichts anderes getan hat, als sich dem Gast zu widmen."

Menschen zusammenführen und mit ihnen diskutieren, abseits und befreit von einengenden akademischen Gepflogenheiten, stand als Idee auch Pate für das 1993 erschienene Buch „The Academic Inn/Das akademische Wirtshaus". Darin beschäftigte sich Kohr mit Fragen der universitären Selbstverwaltung und der studentischen Mitbestimmung. Der Titel des Buches, das Ewald Hiebl und Günther Witzany deutsch herausgegeben haben, verweist auf eine Erfindung von Leopold Kohr: das „akademische Wirtshaus". Darunter versteht Kohr einen herrschaftsfreien Raum, in dem gleichberechtigte Bürger außerhalb der engen Mauern der Massenuniversitäten akademische Diskussionen führen.

Kohr schrieb dieses Buch zum größten Teil als er Universitätsprofessor in Puerto Rico und nach seiner dortigen Pensionierung Lehrbeauftragter in Aberystwyth war. Er widmete sich deshalb als „Insider" den zentralen Aufgaben der Universitäten und ging auf deren ideale Größe und Verwaltung ein. Er hinterfragte die Ideen der akademischen

Freiheit, universitärer Demokratie, den Stellenwert der Forschung an den Universitäten und vieles mehr. Kohr ging es darum, Missstände im universitären Bildungssystem zu enttarnen: Machtspiele und Missmanagement ebenso wie Scheindemokratie und pompöse Inszenierungen.

Das „akademische Wirtshaus" wurde zu einer Institution, die der Verein Tauriska und die Leopold Kohr Akadamie bis heute pflegen. So etwa am 13. September 2018 mit dem Thema „Ernährung, Landwirtschaft und Regionalversorgung". Irene Antoni-Komar, Marius Rommel und der Leopold Kohr-Preisträger Niko Paech befassten sich mit nachhaltigen Versorgungssystemen im Ernährungssektor, die mit einer Wirtschaft ohne Wachstum vereinbar wären. Ihre Erkenntnisse bestärkten das Motto „Small is beautiful". Damit unternehmerische und regionale Initiativen, die eine zukunftsfähige Ernährungswirtschaft verkörpern, überleben können, müssen sie eine Balance zwischen betriebswirtschaftlicher und sozialer Stabilität meistern. Das warf die Frage auf: „Seid Ihr groß oder klein genug?" Groß genug, um wirtschaftlich überleben zu können, und klein genug, um den Prinzipien der Überschaubarkeit und der persönlichen Nähe der Beteiligten entsprechen zu können. Dies wurde an Beispielen wie Urban Gardening, solidarischer Landwirtschaft oder Erzeuger-Verbraucher-Gemeinschaften aufgezeigt. Gerald Reisecker von „Salzburg schmeckt", Wolfgang Schäffner vom StudienZentrum Saalfelden und Obmann Franz Keil von der Bio Heuregion stellten ihre regionalen Initiativen vor.

Schule der Selbstversorgung in Bramberg/Neukirchen 1994: v. r.: John Seymour, Autor zahlreicher Selbstversorgerbücher mit Kursteilnehmerinnen.

Foto: Archiv Tauriska

Akademisches Wirtshaus a-la-carte Leopold Kohr im Müllner Bräu in Salzburg, 2018: v. l.: Franz Keil, Obmann der Bio Heu Region, Postwachstumsökonom Niko Paech, Nachhaltigkeitsökonom Marius Rommel, Heukönigin Teresa I., Kulturwissenschaftlerin Irene Antoni-Komar und Josef Bruckmoser von den Salzburger Nachrichten.

Foto: Helmut Mühlbacher

Alfred Winter (l.), Leopold Kohr und Susanna Vötter-Dankl vor dem adaptieren Kammerlanderstall in Neukirchen am Großvenediger im Jahr 1988. Seit dieser Zeit befindet sich dort die regionale Kulturstätte des Vereines Tauriska und der Leopold Kohr®-Akademie. *Foto: Siegfried Probst*

Symposion „Fern vom Garten Eden" im Tauriska-Kammerlanderstall, 1988. v. l.: Herbert Giradet (Autor und Filmemacher), Leopold Kohr und sein Freund John Seymour aus Wales. *Foto: Archiv Tauriska*

Wie der Salzburger in der Region und darüber hinaus wirkte

Pionier der Öko-Bewegung und Mentor der Regionalentwicklung

Noch bevor es in den 1970er Jahren zu einer „ökologischen Revolution" und einem Bewusstseinswandel in breiten Teilen der Bevölkerung kam, hat Leopold Kohr die Umweltthematik aufgegriffen und sie in seine Theorie der Kleinheit und des menschlichen Maßes integriert. Schon in seiner 1962 erschienenen Monographie „Die Überentwickelten Nationen" beschäftigte sich der eifrige Schreiber mit den Themen Verkehr und Urbanisierung und entwickelte eine Geschwindigkeitstheorie der Bevölkerung. In den 1960er und frühen 1970er Jahren verfasste Kohr zudem in Puerto Rico mehrere Zeitungsartikel und Kommentare zu Umweltschutz und Stadtentwicklung. Oftmals waren diese Artikel gespickt mit puertoricanischen Beispielen. Der Grund dafür war, dass Kohr in der Großstadt San Juan mit massiven Umweltzerstörungen konfrontiert war, die ihn nachdenklich machten. Außerdem war Puerto Rico von zahlreichen führenden Wissenschaftlern für Stadtplanung aus Harvard, London, York oder dem Massachusetts Institute of Technology als Testgelände für deren Planungsideen auserkoren worden.

Das Paradoxon, dass Kohr trotz seines eher bescheidenen Beitrages zur umweltpolitischen Debatte von Umweltschützern und Sympathisanten als „Pionier bzw. Vater der Umweltbewegungen" gerühmt wird, lässt sich am ehesten durch den vielseitigen, allumfassenden Charakter der Kohr'schen Philosophie erklären. So bietet seine Philosophie der Kleinheit nicht nur Lösungsvorschläge für ökonomische oder soziale Probleme, sondern eben auch für ökologische Angelegenheiten. Kohr hat den Umweltgedanken aber immer eher weit gesehen, nicht ganz so eng, wie sich die Umweltbewegung selbst sieht. Er hat gemeint, wenn ich mich eigenständig in meinem eigenen Umkreis ernähre, ist das nicht nur gesünder, sondern auch nachhaltiger. Denn dann muss ich keine künstlich behandelte, lang haltbare Ware von weither transportieren. Kohr regte auch die Gründung des ersten Alternativ-Technologie-Zentrums in Europa an. Dieses wurde 1973 in Wales errichtet und sollte zeigen, dass eine alternative dezentrale Energiegewinnung ausreicht, um ein Gemeinwesen vollständig ökologisch mit Energie zu versorgen.

Viele Tagungen, darunter 1982 eine mit Kohr-Freunden aus der ganzen Welt, setzten sich mit diesen Gedanken auseinander. 1983 hat Leopold Kohr für sein Lebenswerk den alternativen Nobelpreis erhalten. Anlässlich des 25-Jahre-Jubiläums des Preises kamen vom 8. bis 13. Juni 2005 knapp 80 Preisträger aus der ganzen Welt in Salzburg zusammen.

Verein Tauriska und Leopold Kohr®-Akademie

1983 wurde in Salzburg einstimmig das Nationalparkgesetz beschlossen und damit die drohende Zerstörung des Naturraumes durch die energiewirtschaftliche Nutzung abgewendet. Allerdings fand sich in dem Gesetz kein einziger Paragraph zum Thema Erhaltung und Förderung regionaler Traditionen und Kultur im Nationalparkraum Hohe Tauern. Man hatte auf die Menschen und deren Dörfer vergessen, die – anders als in den menschenleeren amerikanischen Nationalparks, an welchen man sich stark orientiert hatte – mitten im Nationalpark angesiedelt sind. Allmählich kam jedoch die Sichtweise auf, dass nicht nur die Natur, die Tier- und Pflanzenwelt, sondern auch die Bewohnerinnen und Bewohner dieser Region in ein solches Projekt miteinbezogen werden müssten und von dem geplanten Nationalpark profitieren sollten. In diesem Sinne entstand, ergänzend zu den Bemühungen um die Schaffung eines Nationalparks, in Neukirchen am Großvenediger ein Verein der besonderen Art: der Kulturverein *Tauriska*. Alfred Winter hatte die zündende Idee dazu. Dank der Unterstützung durch die damalige Landesregierung sowie durch private Sponsoren war es ihm 1986 gelungen, das nötige Geld – einen Millionenbetrag in Schillingen – für die Errichtung dieses Vereins aufzutreiben.

Die Größendimensionen entsprachen ganz den Kohr'schen Vorstellungen. Neukirchen ist ein überschaubarer Ort mit rund 2900 Einwohnern (Stand 2014) und liegt in der Region Hohe Tauern, in der insgesamt rund 50 000 Menschen leben. Von der Größenordnung also ideal für eine Kulturbewegung.

Der Name Tauriska geht zurück auf das keltische Volk der Tauriskaner, die, wie Ausgrabungen bestätigen, vor rund 2000 Jahren im Pinzgau ansässig waren. Der Kammerlanderstall in Neukirchen, ein aus dem 18. Jahrhundert stammender zerfallener Schweinestall, wurde gepachtet, aufwendig restauriert und zum Sitz des Vereins. Alfred Winter begeisterte auch Kohr für dieses Projekt, der die Patenschaft übernahm und bis zu seinem Tod 1994 Präsident von Tauriska blieb. Außerdem lieferte er mit seiner Philosophie die geistige Grundlage für die Tätigkeiten des Kulturvereins. Die Leitung übernahmen Susanna Vötter-Dankl, Christian Vötter und Günther Nowotny. Dazugehörig wurde die Leopold Kohr®-Akademie als Bildungseinrichtung gegründet, um Kohrs Philosophie zu erhalten und zu verbreiten.

Somit bestehen seit 1986 in Neukirchen am Großvenediger die Leopold Kohr®-Akademie und der Verein Tauriska. Die Leopold Kohr®-Akademie an der Universität Salzburg verwaltet den Nachlass des Philosophen und Ökonomen. Seine „Rückkehr zum menschlichen Maß" ist als Leitidee Auftrag und gleichermaßen Programm für die Leopold Kohr®-Akademie, die sich als Fortbildungsinstitut versteht

76

und die Förderung der wirtschaftlich kleinen Einheiten zum Ziel hat. Kohr selbst erachtete Modelle wie die Tauriska-Aktivitäten, die im überschaubaren Rahmen funktionieren, als gelungene Beispiele für Regionalentwicklung. Kohrs Nachlass, der zu einem beträchtlichen Teil bereits inventarisiert und digitalisiert ist, befindet sich in dem von Ewald Hiebl betreuten und wissenschaftlich bearbeiteten Archiv, das im Edith-Stein-Haus der Universität Salzburg untergebracht ist. Das Archiv steht allen Interessierten nach Anmeldung (ewald.hiebl@sbg.ac.at) zur Benützung zur Verfügung.

Die Universität Salzburg bietet der Leopold Kohr®-Akademie und dem Leopold Kohr Archiv die Heimstätte, zudem bestehen mannigfaltige Kooperationen. Seit mehr als 30 Jahren führt der Verein Tauriska von Neukirchen am Großvenediger und Salzburg aus ein umfangreiches und vielfältiges Veranstaltungs- und Kulturprogramm durch. Der Leopold Kohr-Preis wird als besondere Auszeichnung verliehen. Bisherige Preisträger sind der Friedensforscher Dieter Senghaas, der Verein zur Förderung verkehrspolitischer Bewusstseinsbildung „fairkehr", der Mitbegründer des Nuclear-Free Future Award (NFFA), Claus Biegert, und der Postwachstumsökonom Niko Paech.

Auch in seiner Geburtsstadt Oberndorf bei Salzburg wird Kohr gewürdigt. So trägt die Sportmittelschule seinen Namen, es gibt eine Leopold Kohr-Promenade und ein Leopold Kohr-Denkmal. Die Initiative „Leopold Kohr in

Residence" widmet sich regelmäßig mit den Kohr-Stammtischen seinem geistigen Vermächtnis. Im Dachgeschoss des Stille-Nacht-Museums wurde der Veranstaltungsraum als „Leopold Kohr-Saal" benannt und im Innenhof des Museums kann der Kohr-Themenweg besucht werden. Leopold Kohr®-Akademie und Stille-Nacht-Museum sind durch eine Partnerschaft verbunden.

1989 erschien in der New York Times ein Artikel von Hans Fantel mit dem Titel „A Return to the Past in Austria's Alps". Der Autor schwärmte darin von der landschaftlichen Schönheit des Nationalparks Hohe Tauern und berichtete über die Entstehung und Arbeit des Vereins Tauriska. Er bezeichnete den Kulturverein als „a unique project" und „an experiment in small-scale economic development". Zitat Fantel: „Despite the emphasis on tradition, visitors will find no trace of a museum atmosphere, no self-conscious imitation of the past. Rather, Tauriska is an attempt to create a vivid present within a preserved natural and cultural framework. The basic notion of reviving the economy and ecology of small towns comes from Leopold Kohr, who believes that many of the social and ecological crises in the modern world are basically problems of scale and can be solved by a return to smaller, self-contained settings for human activity. Tauriska is the first tryout anywhere for Professor Kohr's ideas."

Bei der Bevölkerung in der Region selbst stieß der Verein Tauriska zunächst auf viel Skepsis und Ablehnung. Nur langsam bahnte sich ein Mentalitätswandel an. Einen wichtigen Beitrag dazu lieferte die Bildungsarbeit, die in Form einer engen Zusammenarbeit mit den Schulen der Region betrieben wurde und die man von Beginn an forciert hat. Eine eigens eingerichtete Arbeitsgemeinschaft bestehend aus Pinzgauer Lehrerinnen und Lehrern setzte sich mit den Themen Umwelt, alternative Technologien, Geschichte, Kulturarbeit, Pädagogik und Schule auseinander, erstellte Unterrichtsmaterialien und organisierte Veranstaltungen und Seminare. Susanna Vötter-Dankl und Christian Vötter unterrichteten selbst acht Jahre lang an der Fachschule für wirtschaftliche Berufe in Bramberg das Fach Kultur- und Projektmanagement.

Die Schülerinnen und Schüler im Alter von 15 bis 18 Jahre lernten die Gedankenwelt des Philosophen Leopold Kohr kennen, unternahmen Ausflüge in ihre Region und entdeckten das dort vorhandene Potenzial sowie bereits verloren gegangenes altes Wissen neu. So wurde beispielsweise im Zuge einer Projektarbeit im Schulgarten Flachs angebaut. Daraus ließ man in Südtirol Stoffe herstellen und aus den Stoffen nähten die Schülerinnen und Schüler Kleidungsstücke, die sie auf einer Modenschau präsentierten. Aus dem entstandenen Abfall wurde Flachspapier hergestellt. In einem weiteren Projekt erstellten die Jugendlichen mit Hilfe ihrer Eltern und Großeltern ein Kochbuch mit alten Regionalrezepten.

Fernwirkung in die Freie Hansestadt Bremen

Die Freie Hansestadt Bremen, die älteste Stadtrepublik Europas, muss als kleinstes Bundesland Deutschlands immer wieder um ihre Selbstständigkeit kämpfen. Da kamen die Thesen von Leopold Kohr gerade recht. Theo Schlüter, Politikredakteur bei Radio Bremen und Vorsitzender des Bremer Presseclubs, meinte: „In unsere kleine Stadtrepublik, die immer beweisen muss, dass Größe nicht alles ist, passen Kohrs Ideen haargenau." Schon im Jahr 2006 organisierte Schlüter in Bremen eine Präsentation des damals neu erschienenen Buches „Die Lehre vom rechten Maß" und zog von da an die Fäden in der Verbindung von Bremen und Salzburg.

Zufall, aber passend: In Bremen lebt und lehrt der renommierte Friedensforscher Dieter Senghaas, der sich frühzeitig mit dem Werk von Leopold Kohr auseinandergesetzt hat und in diesem „einen Vordenker der Bremer Selbstständigkeit" sah. Der Bremer Politikwissenschafter und Alfred Winter als Salzburger Landesbeauftragter für kulturelle Sonderprojekte eröffneten bei den „Salzburg-Tagen" vom 8. Juli bis 4. September 2009 eine Ausstellung, die das Salzburg Museum und die Leopold Kohr®-Akademie zusammengestellt hatten. Alle Textentwürfe, die bei der Ausstellung im Salzburg Museum verwendet wurden, hat Günther Witzany erarbeitet, ebenso wie eine Liste wesentlicher Zitate von Leopold Kohr aus allen seinen Büchern, die Kurz-Buchbesprechungen und den Einleitungstext „Ein großer Philosoph wird 100", der in einer Sonderbeilage der „Salzburger Nachrichten" erschienen ist. Ein Hauptteil der Ausstellung setzte sich mit Kohrs leidenschaftlichem Einsatz für eine menschengerechte Stadt- und Verkehrsplanung auseinander. Dabei wurde auch das Kohr-Buch „Das akademische Wirtshaus", das Ewald Hiebl und Günther Witzany herausgegeben haben, in Bremen vorgestellt.

Botschafter a. D. Michael Breisky hielt an den „Salzburg-Tagen" in Bremen einen Vortrag über „Leopold Kohr und die zehn Megatrends der Post-Globalisierung". Der damalige Salzburger Landeshauptmann-Stellvertreter Wilfried Haslauer jun. und die Bürgermeisterin und Finanzsenatorin von Bremen, Karoline Linnert, tauschten sich über mögliche Gemeinschaftsprojekte von Salzburg und Bremen aus. Die in Istanbul geborene und in Salzburg lebende türkische Sängerin Nihan Devecioglu gab mit der Pianistin Güldiyar Tanridagli ein Konzert in der Glocke in Bremen. Die Kabarettisten Anita Köchl und Edi Jäger führten in der „Ständigen Vertretung" ihr Programm „Karl Valentin & Loriot" auf.

Die taz-Bremen resümierte: „Während Kohr, ein typischer Mittelschichts-Theoretiker, auf der politischen Ebene in Bremen einigermaßen offene Türen einrennt – nur wenige wollen die Eingliederung Bremens in einen Nordstaat –, sind seine ökonomischen Präambeln sicher noch nicht mehrheitsfähig. ‚Alles, was falsch ist, ist zu groß', lautet einer seiner Kernsätze. In seiner Salzburger Heimat hat Kohr es beispielsweise geschafft, die Pinzgauer Bauern zum Widerstand gegen die Übernahme ihrer genossenschaftlichen Molkerei durch ein Großunternehmen zu motivieren. Auch die wiedergewonnene Vielfalt der regionalen Käsesorten und anderer Produkte, um die sich die rührige Leopold Kohr®-Akademie und der Verein Tauriska seit 24 Jahren verdient gemacht hat, ist nicht zu verachten."

Bremen müsse zwar nicht das Schicksal Anguillas befürchten, dessen Versuch, selbstständig zu werden, von britischen Falschirmjägern beendet worden sei, meinte die taz-Bremen. „Aber süddeutsche Ministerpräsidenten pflegen durchaus Gewehr bei Fuß zu stehen, wenn es um die mögliche Neugliederung der Länder zu größeren Gebilden geht. Nun können die Bremer ihr moralisches Rüstzeug beim Andorra- und San Marino-Fan Leopold Kohr aufbessern. Bürgermeister Jens Böhrnsen (SPD) jedenfalls ist der Meinung, Kohrs Lehre vom menschlichen Maß passe wunderbar zu Bremen."

Das menschliche Maß: Ernährung, Verkehr, Energie

Kohrs Idee ist, dass der richtige Weg zum Wohlstand nicht über die Abkürzung in Form hoher Summen an Entwicklungshilfe gehe. Geschenktes Geld beschäme auf Dauer den Empfänger, weil es Achtung und Selbstrespekt für eigenständig erbrachte Entwicklungsleistung verhindere. Das betonen heute viele fortschrittliche Ökonomen aus den Entwicklungsländern. Sie meinen, die herkömmliche Entwicklungshilfe verhindere geradezu eigenständige Entwicklung und versorge nur die korrupten Despoten.

Kohr plädierte daher in seinem Buch „Entwicklung ohne Hilfe" für eine Rückbesinnung auf regionale Ressourcen und einheimische Lebensmittel. Das Ernährungsniveau würde durch einen Verzicht auf importierte Ware aus aller Welt nicht gesenkt werden, sondern würde sich „durch die Konzentration auf Quantität, Qualität und kulinarische Zubereitung verbessern." Diese Sichtweise wird heute zumindest theoretisch von einer breiten Schicht der Gesellschaft vertreten, doch in der Praxis sind Veränderungen in großem Rahmen noch nicht eingetreten. Die politischen und wirtschaftlichen Interessen der Regierungen und der großen multinationalen Konzerne sowie der Lebensstil der westlichen Gesellschaften verhinderten bislang einschneidende Veränderungen.

Ein außergewöhnliches Projekt im Sinne dieser Regionalität ist die Bramberger Obstpresse. In den 1990er Jahren verbrachte John Seymour aus Irland auf Vorschlag seines Freundes Leopold Kohr einen vierwöchigen Aufenthalt in Neukirchen und veranstaltete dort Selbstversorgerkurse. Dieses Projekt sollte Anstoß geben zu einem weiteren: das besonders erfolgreiche, von Tauriska unterstützte und mit aufgebaute Projekt Bramberger Obstpresse. Die Idee stammte von Toni Lassacher, dem Wirt des Bergrestaurants am Wildkogel und Obmann des Obst- und Gartenbauvereins Bramberg. Auf einer Landwirtschaftsmesse in Wels entdeckte er eine moderne Obstpresse und malte sich aus, wie man damit wieder einen Nutzen für das viele überschüssige Obst im Pinzgau schaffen könnte. Susanna Vötter-

Dankl und Christian Vötter waren von der Idee begeistert. Der Preis der Obstpresse (rund 100 000 Euro) schreckte die beiden nicht ab, sondern sie sahen, inspiriert von Kohr und dessen Freund Seymour, in diesem Projekt die Chance, etwas „Großes" im Kleinen, in der Region, zu bewirken.

Aus alten Büchern, Ortschroniken und Photographien ging hervor, dass der Obstanbau im Pinzgau sehr wohl Tradition hat. Im Laufe des 20. Jahrhunderts war dieser Produktionszweig jedoch weitgehend in Vergessenheit geraten. Das änderte sich nun, indem jährlich im Oberpinzgau 1000 bis 2000 Apfelbäume gepflanzt wurden. Am 6. Jänner 2006 wurde ein Vertrag zum Kauf einer Obstpressanlage unterzeichnet. Die Maschine ist so konzipiert, dass sie immer von Menschenhand betreut werden muss und der Pressvorgang nachvollziehbar ist. Besonders für Kinder ist es spannend zu beobachten, wie aus dem Apfel der Saft wird. Die Obstpresse ist für alle zugänglich.

Zusätzlich zu den Räumlichkeiten für die Obstpresse stellte die Gemeinde Bramberg Flächen für den Anbau von Obstbäumen zur Verfügung, ein Schulprojekt wurde gestartet – die Schüler und Schülerinnen bekommen beim Übergang von der Volksschule in die Hauptschule einen Setzling geschenkt – und ein veralteter Obstlehrgarten wurde wieder aktiviert. Der Pinzgauer Apfel wurde von den ortsansässigen Betrieben in den verschiedensten Formen und Produkten verarbeitet, sodass eine breite Produktpalette entstand: Der Bäcker kreierte ein Apfelbrot und einen Apfelgugelhupf, der Konditor eine Apfelschokolade, der Metzger verwertete den Apfeltrester, indem er darin das Pinzgauer Rindfleisch pökelte und einen Apfelspeck herstellte, in Krimml wurde ein Apfelbier gebraut und eine Studentin der Fachhochschule Salzburg entwickelte aus dem Apfeltrester ein Apfelmehl, das zum Backen und Kochen verwendet werden kann. Tauriska unterstützte all diese Ideen und half bei der Verpackung und der Vermarktung der Produkte.

Frühzeitig setzte sich Leopold Kohr mit der Verkehrsproblematik auseinander. In einem ORF-Interview antwortete Kohr auf die Frage, ob es denn in der Welt, wie er sie sich vorstelle, einen Flugverkehr geben würde: „Doch. Aber in Maßen. Es kann nicht sinnvoll sein, dass Hunderte Millionen Menschen ununterbrochen rund um den Globus rotieren. Was der heutige Massenflugverkehr in allen Weltteilen bietet, ist nicht die Vielfalt des Erlebens, sondern die Eintönigkeit endloser Duplikationen in ewig gleichen Flugplätzen und Großstädten. Die wahre Vielfalt liegt noch immer in unserer Nähe, die durch Auto- und Flugverkehr nicht mehr erschlossen werden kann. Wenn ich zu Fuß die zwanzig Kilometer von Salzburg nach Oberndorf gehe, erlebe ich mehr als in einer Concorde von London nach Australien."

Kohrs Fazit: „Man muss sich am Fußgänger, am Bürger, am Menschen orientieren, nicht am Auto." In der Praxis waren Kohrs Bemühungen zur Umsetzung seiner eigenen Forderungen freilich verbesserungswürdig. Er benützte viele Male das Flugzeug und war ein begeisterter Autofahrer. Oft pflegte er am Beginn eines Vortrages zu sagen: „Ich hör' nix mehr, ich seh' auch fast nix mehr. Das einzige, was ich noch tun kann, ist Autofahren." Dies bezog er wohl nicht nur auf seine eigene Person, sondern auch auf den Zustand der Gesellschaft. Jedenfalls brachte er seine Zuhörerinnen und Zuhörer damit zum Lachen.

Davon abgesehen forderte Kohr schon ab den 1960er Jahren anstatt dem damals wie heute betriebenen Ausbau der Verkehrswege eine Verringerung des Verkehrsaufkommens. Vor allem der Individualverkehr müsse eingedämmt werden. Dies sei die einzige Möglichkeit, den stärker werdenden Verkehrsdruck in den Griff zu bekommen. Allerdings muss ein zweiter Aspekt berücksichtigt werden, jener der Geschwindigkeit: „Weniger Verkehrswege sind nur dann angemessen, wenn sich die Größe der Bevölkerung verringern lässt. Und das lässt sich gemäß der Geschwindigkeitstheorie der Bevölkerung nicht nur durch eine zahlenmäßige Dezimierung erreichen, sondern viel humaner durch eine Verringerung der Geschwindigkeit. Denn eine Bevölkerung, die sich langsamer bewegt, hat die gleiche Wirkung wie eine numerisch kleine Bevölkerung, wie umgekehrt eine schnelle Bevölkerung numerisch größer ist."

Für die Stadtplanung bedeutet dies, dass das Auseinanderdriften der Lebensfelder Wohnen, Arbeiten und Freizeit verhindert bzw. rückgängig gemacht werden muss. Kohr nennt vier Voraussetzungen für eine „gute Stadt": eine dichte Bevölkerung, ein hohes Maß an Eigenständigkeit, urbane Schönheit und gemeinsame Identitätsstrukturen, die von nah und fern sichtbar sein sollen (z.B.: Kirchturmspitzen, Festung oder Ähnliches).

Der dritte Umweltbereich, auf den Kohr schon früh ein Auge hatte, war die Energie. Bereits in den frühen 1970er Jahren kam Leopold Kohr in Wales mit alternativen Energieformen in Berührung. In Machynlleth, ganz in der Nähe seines Wohnortes Aberystwyth, wurde ein Zentrum für alternative Energie und Nachhaltigkeit, das „Center for Alternative Technology" (CAT), gegründet. Es versteht sich fast von selbst, dass Kohr dieses Projekt unterstützte, das damals einzigartig war und noch heute hohes internationales Ansehen genießt und mehrfach ausgezeichnet wurde. Organisiert wie ein unabhängiges, energieautarkes Dorf, ist CAT ein Testfeld für umweltverträgliche Methoden und Technologien sowie alternative erneuerbare Energie.

Herbstgenuss 2009 auf der Burg Kaprun. V. l.: Christian Vötter und Susanna Vötter-Dankl (Leopold Kohr®-Akademie), Toni Lassacher (Obst- und Gartenbauverein Bramberg) mit seinen Töchtern Manuela und Andrea, Hanspeter Schöppl (Schöppl-Speck) und Hans-Peter Schöppl jun.   *Foto: Erwin Simonitsch*

Bremer Bürgermeisterin Karoline Linnert mit Theo Schlüter, Redakteur von Radio Bremen und Organisator der Salzburg Tage in Bremen 2010-2012.   *Foto: privat*

Was Kohr uns heute zu sagen hat

Ein Europa des Föderalismus statt Zentralismus
„Le destin de l'Europe du XXe siècle, c'est le destin du fédéralisme."

Das Konzept vom „Europa der Regionen" ist keine Erfindung der jüngsten Vergangenheit, sondern tauchte bereits in Debatten der Zwischenkriegszeit auf, bevor es verstärkt wieder ab den 1960er Jahren diskutiert wurde, als die Autonomiebestrebungen zahlreicher Regionen in Europa langsam ihren Höhepunkt erreichten. Das geht auch aus dem obigen Zitat hervor, welches 1936 in der französischen Zeitschrift *Ordre Nouveau* (Zeitschrift der Gruppierung, die in den 1930er Jahren in Frankreich ein föderalistisches, personalistisches EU-Konzept vertrat) publiziert wurde und zu Deutsch so viel heißt wie „Das Ziel von Europa im 20. Jahrhundert wird der Föderalismus sein".

Die Folgen des Ersten Weltkriegs waren verheerend. Vor allem die wirtschaftliche und politische Situation waren desolat und geprägt von Instabilität, hoher Arbeitslosigkeit,

Inflation etc.. Um die internationale Kooperation zu fördern und gleichzeitig Frieden und Sicherheit zu schaffen, wurde 1919/20 unter der Leitung des US-amerikanischen Präsidenten Thomas Woodrow Wilson der Völkerbund gegründet. Doch die Zusammenarbeit war nicht von Erfolg gekrönt und konnte die Kluft zwischen den europäischen Staaten nicht schließen. Das Hauptproblem war, dass weder Russland noch die USA sich beteiligten und auch Deutschland erst 1926 Mitglied wurde. Die ungleichen Machtverhältnisse verlagerten sich somit zugunsten von England und Frankreich. Letzteres konnte im Friedensvertrag von Versailles die harten Maßnahmen gegenüber dem Kriegsverlierer Deutschland durchsetzen. Dieses Vorgehen schwächte in erster Linie die demokratischen Strukturen Deutschlands und prolongierte die deutsch-französische Rivalität.

Gleichzeitig resultierten die gemeinsamen Erfahrungen von Leid und Not im Ersten Weltkrieg in einer neu aufkommenden Europadebatte. Durch Einigkeit und Zusammenarbeit wollte man verhindern, dass ein solch schreckliches Ereignis ein weiteres Mal den europäischen Kontinent erschüttert. Dabei waren die Vorstellungen von einem künftigen Europa sehr unterschiedlich. Diskutiert wurde sowohl über den Aufbau einer europäischen Großmacht als auch die Verwirklichung eines föderalistischen Europas. Europäische Sozialisten, neutrale Staaten wie die Niederlande und die Schweiz sowie Intellektuelle aus ganz Europa (unter ihnen zahlreiche französische sowie deutsche Schriftsteller wie Paul Valéry, André Gide und Thomas Mann) fanden

Interesse an diesem Thema und unterstützten die Idee einer europäischen Föderation. André Gide wurde von Kohr mehrfach zitiert: „Ich glaube an die Tugend kleiner Nationen. Ich glaube an die Tugend kleiner Zahlen. Die Welt wird von wenigen gerettet werden."

So entstanden in den 1920er und 1930er Jahren auch eine Reihe proeuropäischer Verbände und Organisationen, jedoch ging der Trend vermehrt in Richtung Wirtschaftsunion. Auch der französische Regierungspolitiker Aristide Briand, der eine Schlüsselrolle in der ersten Phase eines europäischen Einigungsprozesses spielte, betonte den wirtschaftlichen Aspekt der Zusammenarbeit, als er 1929 dem Völkerbund seinen Entwurf für ein geeintes Europa unterbreitete: „Evidemment, l'Association agira surtout dans le domaine économique: c'est la question la plus pressante. Mais je suis sûr aussi qu'au point de vue politique, au point de vue social, le lien fédéral, sans toucher à la souveraineté d'aucune des nations qui pourraient faire partie d'une telle association, peut être bienfaisant." Allerdings soll es für Briand, wie aus dem Zitat hervorgeht, über eine rein wirtschaftliche Dimension der Vereinigung hinausgehen. Er sieht auch in einer politischen und sozialen Kooperation eine Chance für ein zukünftiges, friedlich geeintes föderatives Europa.

Alle Einigungsbemühungen der Zwischenkriegszeit scheiterten letztendlich an den differierenden Europakonzeptionen, den unterschiedlichen Zielvorstellungen und den sich verändernden politischen Situationen. Gegenstimmen wurden vor allem aus den nationalistischen und rechten politischen Lagern laut. Besonders ablehnend reagierten Deutschland, das faschistisch regierte Italien sowie Großbritannien. Mit dem Ausbruch des Zweiten Weltkriegs war zwar vorerst nicht mehr an die Umsetzung einer friedlich kooperierenden europäischen Organisation zu denken, trotzdem verschwand die föderale Europaidee nicht völlig. Insbesondere Widerstandskämpfer und europäische Exilanten publizierten Aufsätze und Studien zu einer möglichen europäischen Nachkriegsordnung und zur Zukunft Europas. Einer von ihnen war Leopold Kohr, dessen Artikel „*Disunion Now*" am 26. September 1941 in einer New Yorker Zeitschrift veröffentlicht wurde.

In diesem für seine Philosophie grundlegenden Artikel Kohrs finden sich deutliche inhaltliche Parallelen zu den Schriften des gebürtigen Schweizers Denis de Rougemont (1906–1985). Dieser veröffentlichte im selben Jahr ebenfalls in New York das Werk „Heart of Europe. Switzerland. A small scale model of a working federalized Europe", in dem er, wie Kohr, die Rolle der Schweiz als Modell eines europäischen Föderalismus thematisiert. Rougemont, der den Begriff „Europe des Régions" geprägt hatte, war ebenfalls ein Vertreter der kleinen Einheiten und des menschlichen Maßes. Dies geht unter anderem aus seinem Werk „La part du Diable" („Der Anteil des Teufels") hervor. Darin heißt es: „Ich antworte, eine feste und liberale Ordnung gibt es nur in kleinen Gemeinwesen, in Städten, die das menschliche Maß bewahren. Ich antworte, diese kleinen Gemeinwesen können nur bestehen, wenn sie sich gruppieren, wenn sie ihre materiellen Hilfsquellen zusammenlegen, um ihre geistige Autonomie zu bewahren und zu entwickeln. Ich antworte, dass diese ‚Utopie‘, die Föderalismus heißt, die einzige ist, die den Werten Freiheit, Ordnung, Humanität und Demokratie gestattet, etwas zu bedeuten, das mich ergreift.“

Es stellt sich die Frage, ob Leopold Kohr seinen Schweizer Zeitgenossen bzw. dessen Schriften gekannt hat oder ob andersherum Denis de Rougemont die von Kohr verfassten Werke kannte. Leider gibt es dazu keine genaueren Informationen, wenngleich es sehr wahrscheinlich ist, dass Rougemont über Kohrs Ideen Bescheid wusste, zumal sich beide zum etwa gleichen Zeitpunkt in New York aufgehalten haben. Außerdem bezieht sich Rougemont zumindest explizit auf Kohrs Freund und Schüler Ernst Friedrich Schumacher (vgl. „Ernst Friedrich Schumacher zu Ehren“). Schumacher war ein eigenständiger Denker, dessen Ideen sich mit denen von Kohr trafen. Kohr bezeichnete ihre gegenseitige Verbundenheit als die siamesischer Zwillinge, aber solcher, die an ihren Bärten zusammengewachsen seien. Ein weiteres Modell einer zukünftigen Föderation stammt von dem Franzosen Guy Héraud, der ein „Europa der ethnischen Regionen“ vorschlug. Auch er forderte dabei die Abschaffung der souveränen Nationalstaaten.

Gegen Ende der 1950er, zu Beginn der 1960er Jahre setzte mit Gründung der Europäischen Wirtschaftsgemeinschaft (EWG) und verstärkt auftretenden Autonomiebewegungen mancher Regionen langsam eine europäische Regionalpolitik ein. Es ging dabei in erster Linie um die Beseitigung bestehender regionaler, vor allem wirtschaftlicher Unterschiede, die man weniger durch regionalpolitische Intervention zu erreichen suchte, sondern durch die Schaffung eines freien Binnenmarktes. Entwicklungsunterschiede würden sich durch die Dynamik des freien Marktes, so die Annahme, wie automatisch ausgleichen. Das Konzept eines Europas der Regionen musste erst noch politikfähig gemacht werden. Dazu wurde der antinationalstaatliche Aspekt herausgenommen bzw. abgeschwächt: die Existenz der Nationalstaaten sollte nicht weiter in Frage gestellt werden, sondern eine Vermittlerrolle zwischen regionaler und europäischer Ebene einnehmen.

In der Folge konnte auf europäischer Ebene eine Regionaldebatte initiiert werden und das substaatliche Konzept „Europa der Regionen" wurde zum Gegenstand eines europäischen politischen Diskurses. Auf Versammlungen, Gipfeltreffen und Konferenzen debattierten Regional- und Europapolitiker über eine gemeinsame europäische Regionalpolitik auf den drei Ebenen Europa, Nationalstaat und Region. Institutionen zur stärkeren Einbeziehung der Regionen und Förderprogramme für Regionen wurden ins Leben gerufen. So wurde 1975 der Europäische Fonds für regionale Entwicklung (EFRE) gegründet, 1985 die Versammlung der Regionen, 1993 der Ausschuss der Regionen und 1994 der Kongress der Gemeinden und Regionen Europas. Der Begriff „Europa der Regionen" wurde angesichts der lauter werdenden Kritik an einer zentralistischen bürgerfernen EU zum Schlagwort, das für Bürgernähe sowie für den Schutz regionaler Kultur und Identität stand. In ganz Europa erlebte regionale Kultur in den vergangenen Jahrzehnten einen gewaltigen Aufschwung. Während die europäische Wirtschaft zunehmend homogenisiert wird, wird Europa kulturell gesehen deutlich heterogenisiert.

Längst hat die „Suche nach kultureller Einzigartigkeit und kultureller Differenz" begonnen und dieser Prozess lässt die Regionen „zu europäisch bedeutungsvollen Räumen und zu Schauplätzen einer konkreten europäischen Politik" werden, schrieb Reinhard Johler 2008 in seinem Aufsatz „Einheit in der Vielfalt. Zur kulturellen Konstruktion eines Europa der Regionen".

Warum alles Große schrumpfen muss

Niko Paech, führender deutscher Postwachstumsökonom, schreibt über die Bedeutung von Leopold Kohrs Wachstumskritik für heute (Salzburger Nachrichten, 8. Jänner 2017):
In Fragen der Wachstumskritik und nachhaltigen Wirtschaftens war Leopold Kohr seiner Zeit weit voraus. Er hat in den 1950er- und 1960er Jahren vieles von dem vorweggenommen, was Anfang der Siebzigerjahre als „Die Grenzen

des Wachstums" (Club of Rome, 1972) formuliert wurde. Aber das philosophische und ökonomische Lebenswerk Leopold Kohrs reicht viel weiter. Denn nicht wenige der Pathologien eines ungebrochenen Entgrenzungs- oder Steigerungswahns gehen über die Zerstörung unserer Lebenswelt hinaus.

Längst haben zeitgenössische Konsumdemokratien nicht nur äußere, sondern auch innere Wachstumsgrenzen erreicht. Verbrauchen wir so viel, weil wir in heiterer Kauflaune verharren? Oder sind es nicht vielmehr defensive Motive, die uns veranlassen, eine Wachstumsmaschine in Gang zu halten, die ohne willfährige Konsumenten nie funktionieren könnte? Ein bekannter britischer Kollege drückte es kürzlich so aus: Wir kaufen Dinge, die wir nicht brauchen, mit Geld, das wir nicht haben, um Leuten zu imponieren, die wir nicht mögen.

Schlimmer noch, in Wirtschaft, Politik, Wissenschaft wird die Kauflaune – zumeist dargestellt als Konsumklima-Index – mit dem Zustand gesellschaftlichen Wohlergehens gleichgesetzt. Kaum steigt dieser Index, ist in den Nachrichten von Optimismus, Erleichterung und guten Zukunftsaussichten die Rede. Dabei hat sich in Deutschland ausgerechnet innerhalb jenes Jahrzehnts, in welchem der materielle Wohlstand wie nie zuvor gestiegen und breiten Maßen zugänglich geworden ist, die Anzahl der Antidepressiva-Verschreibungen verdoppelt. Vielleicht sind wir von der Jagd nach neuen Mobilitäts-, Technik- und Konsumoptionen derart erschöpft und gestresst, dass wir zwecks Erholung davon immer mehr Medikamente brauchen.

Leopold Kohr hat schon 1962 darauf hingewiesen, dass manche materiellen Güter den Charakter von Gegenmitteln für die Folgen vorherigen Wachstums aufweisen. Deren Besitz würde unsere Lebensbedingungen nicht verbessern, sondern lediglich verhüten, dass sie schlechter werden. „Sie sind wie Aspirintabletten", sagte Kohr und sprach in diesem Zusammenhang gar von einem „Aspirin-Lebensstandard".

Von offizieller Seite wird der Dauerkrise des europäischen Wirtschaftsraums, insbesondere der Euro-Währung, allein mit teurer, überdies die Probleme verschleppender Symptombehandlung begegnet. Wäre es nicht längst an der Zeit, diesem krankhaften Zentralismus einen kleinräumigen Entwurf entgegenzustellen, der nicht nur die Vielfalt europäischer Eigentümlichkeiten als Inbegriff von Schönheit und gutem Leben würdigt, sondern Dezentralität, Autonomie und Krisenstabilität als Ausrichtung des Wirtschaftens betont?

Kohr hat eine Landkarte friedlich koexistierender europäischer Regionen vorgelegt. Sie versteht sich als Entwurf regionalökonomischer Systeme, die selbstverständlich nicht an den Grenzen oder der Souveränität der Staaten rühren, sondern deren Innenleben durch ein ökonomisches Prinzip der kleinen Einheiten bereichern. Vielleicht würde Leopold Kohr heute der Idee zustimmen, dass jede Region eine eigene Komplementärwährung erhalten könnte, um den prekären Euro zu entlasten, ohne ihn kurzfristig komplett abschaffen zu müssen.

Der Brexit ist vielleicht ein erster Vorbote dessen, was Leopold Kohr als „das Ende der Großen" vorausgeahnt hat – aber eben nicht als Bedrohung, sondern als Chance. Im Vorwort seines Buchs „Die überentwickelten Nationen" (1962/ 1983) vermerkt er: „Und das ist es, was man sich im Zeitalter des Gigantismus vor Augen halten muss: die wirklich revolutionäre Alternative zu Kapitalismus, Imperialismus, Kommunismus, Nationalismus – zu Schwarz, Rot, Blau oder Braun – ist nicht Grün, sondern KLEIN."

Große, komplexe, insbesondere global entgrenzte Versorgungssysteme werfen die Frage auf, wie kontrollierbar und verantwortbar deren Nebenwirkungen sind. Das Verursacherprinzip sieht vor, Schädigern die tatsächlichen Kosten ihrer Aktivitäten aufzuerlegen. Aber derartige Korrekturen kurieren bestenfalls an den Symptomen einer „organisierten Unverantwortlichkeit". Wenn die Produktion einer Ware in viele Einzelprozesse zerlegt wird, um die betriebswirtschaftliche Effizienz zu steigern, wird die Verantwortung für den Gesamtprozess auf so viele Zuständigkeiten verteilt, dass sie damit gleichsam ausgelöscht wird. Jeder Akteur bearbeitet innerhalb komplexer Prozessketten nur einen Teilaspekt und folgt aus seinem isolierten Aufgabenbereich seiner eigenen Zweckrationalität.

Einzelwirtschaftliche Entscheidungen werden dadurch nahezu perfekt vor Rückkoppelung und moralischer Hemmung abgeschirmt. Wer nicht durch ein sichtbares Gegenüber mit den Rückkoppelungen des eigenen Tuns konfrontiert wird, benötigt keine fulminanten ökonomischen Anreize, um gelegentlich Gammelfleisch bei der Lasagne-Produktion zu verarbeiten oder Abgaswerte zu manipulieren. Denn „Verantwortung, das Grundelement moralischen Verhaltens, entsteht aus der Nähe des Anderen" (Zygmunt Bauman).

Eine Aufarbeitung dieser Problematik hat Leopold Kohr längst mit seiner Kritik an übergroßen Strukturen und dem Prinzip der kleinen Einheiten vorweggenommen. Dringend nötig ist heute ein Methoden- oder Wertepluralismus innerhalb der Ökonomik. Doch nachdem die Lehman-Brothers-Krise etwas in Vergessenheit geraten zu sein scheint, meldet sich das traditionell orientierte Lager der Wirtschaftswissenschaften zurück und beharrt weiter dogmatisch auf mathematisch-quantitativen Analyseverfahren und Wachstumsfetischismus.

Dies gleicht zuweilen eher einer Realsatire als der adäquaten Abbildung von Realität. Doch unbeirrt davon werden in den meisten wirtschaftswissenschaftlichen Fakultäten – zumindest in Deutschland – jene bekämpft, die für Methodenvielfalt stehen und die Frage neu beantworten, an welchen Dimensionen menschlichen Wohlergehens sich Ökonomie ausrichten sollte. Ein Lichtblick findet sich an der Universität Siegen mit dem Masterstudiengang „Plurale Ökonomik".

Als Lehrbeauftragter bei diesem mehr als überfälligen Unterfangen begleiten mich viele Inspirationen aus dem Vermächtnis Leopold Kohrs. Er war es, der wirtschaftswissenschaftliche und philosophische Betrachtungen auf erhellende Weise verbunden hat. Sein Blick über den Tellerrand verengter ökonomischer Analyseinstrumente verhalf ihm zu Erkenntnissen, die auf den ersten Blick verblüffend sein mögen, sich aber auf den zweiten Blick als realitätsnäher und zukunftsfähiger als das erweisen, was der dominante Mainstream unter stoischer Vernachlässigung von Wachstumsgrenzen befördert.

Weniger ist mehr – das gilt auch für den Konsum

Die Spirale des Wirtschaftswachstums bringt mehr Produkte hervor, als wir genießen können. Es fehlt der Konsumgesellschaft nicht an Geld, sondern an Zeit. Der führende deutsche Wachstumskritiker Niko Paech ist überzeugt, dass der Verzicht auf alles Überflüssige nicht weniger, sondern mehr Lebensqualität brächte (Salzburger Nachrichten, 7. Oktober 2014):

Frage: Sie sagen, der von Ihnen propagierte Abschied vom Überfluss könnte die Menschen sogar glücklicher machen. Was stellen Sie in Aussicht?

Niko Paech: In der traditionellen Konsumforschung sind wir davon ausgegangen, dass Geld der knappe Faktor ist, an dem der glückstiftende Konsum oder die genussstiftende materielle Selbstverwirklichung scheitern kann. Wer nicht genug Geld hat, dem fehlt das Wesentliche. Neuerdings stellen wir fest, dass nicht Geld der knappe Faktor ist, sondern Zeit. Wir können die uns vermeintlich glücklich machenden Konsumaktivitäten nicht genießen, ohne dass wir ihnen die mindestens dafür nötige Zeit dafür widmen. Es ist nicht möglich, ein Glas Wein zu trinken oder sich ein T-Shirt auszusuchen, ohne dabei Zeit zu verbrauchen.

Wir können uns durch den Zuwachs an Kaufkraft mehr Dinge kaufen, als wir stressfrei genießen können. Stress und Flüchtigkeit sind die Todfeinde des Genusses. Wenn Sie einen Liter Rotwein hinunterstürzen, um Zeit zu sparen, anstatt ihn langsam und genussvoll mit Freunden zu trinken, dann haben Sie zwar Zeit gespart, aber Sie haben keinen Genuss gehabt.

Die Konsumgesellschaft raubt uns die Zeit, die wir für den Konsum benötigen würden?

Wir haben pro Konsumaktivität nur noch ganz wenig Zeit übrig. Eine Aktivität, bei der wir unter Zeitdruck stehen, ist aber naturgemäß nicht mit Genuss verbunden.

Viele beklagen sich aber auch darüber, dass ihnen die Arbeit zu viel Zeit wegfrisst?

Wir haben doch gerade durch Arbeitszeitverkürzung und die damit verbundene Humanisierung der Arbeitswelt sicherlich einiges erreicht. Aber was jetzt dazukommt, ist der Mobilitätsstress, der Digitalisierungsstress, der Entgrenzungsstress. Was wir als Befreiung des Menschen vom Joch der Arbeit gefeiert haben, wird zur Last. Wir leiden unter einer starken Reizüberflutung. Die Verringerung von Konsummöglichkeiten – nicht bei allen Menschen, aber bei der reich gewordenen Mittelschicht in Europa – wäre eine Befreiung vom Überfluss.

Wir können uns ohne weiteres klarmachen, dass die Kunst, wieder zu einem glückstiftenden Konsum zu gelangen, nur in Selbstbegrenzung bestehen kann. Ein glücklicher Konsument ist, wer den Radius und den quantitativen Umfang der materiellen Selbstverwirklichung so zu begrenzen vermag, dass er für die Dinge auch noch genug Zeit hat. Es gibt also eine Zielharmonie zwischen dem Wunsch, ein glücklicher Konsument zu sein, und der ökologischen Notwendigkeit, Ressourcen zu sparen.

Die offizielle EU-Politik will aber die Kaufkraft stärken: Nur wenn die Massen kauften, funktioniere die Wirtschaft.

Eine solche Wirtschaft ist ein Fetisch. Sie dient der Stabilisierung der vorherrschenden Verhältnisse, der ökonomischen und der sozialen. Daher muss sich nicht nur in der Nachfrage etwas ändern, sondern auch auf der Angebotsseite, damit wir einen Rückgang der Industrieproduktion verkraften.

Ihre Ökonomie heißt in jedem Fall Schrumpfung?

Ja, aber wir können das durch eine Umverteilung der Arbeitszeit auffangen. Die frei werdende Zeit befreit uns dann nicht nur vom Konsumstress, sondern sie kann auch genutzt werden, um die industrielle Fertigung teils durch eine moderne Selbstversorgung zu ersetzen.

Bedeutet weniger Arbeitszeit dann auch weniger Einkommen?

Selbstverständlich. Eine Arbeitszeitverkürzung bei vollem Lohnausgleich schwebt mir nicht vor. Was wir brauchen, ist eine duale Existenz. Wenn wir nur 20 bis 25 Stunden in einer arbeitsteiligen Welt beschäftigt sind, dann könnten wir die frei gewordene Zeit hernehmen, um moderne Formen der Selbstversorgung zu praktizieren.

Jedem seinen Schrebergarten und seine Reparaturwerkstatt?

Es geht um drei Bereiche. Einmal tatsächlich darum, wieder selbst Nahrungsmittel anzubauen und handwerkliche Aktivitäten zu entwickeln. Wenn ich aus drei vernutzten Stühlen einen funktionsfähigen mache, dann ist das moderne Produktion. Wenn ich aus zwei kaputten Notebooks, die ich ausschlachte, ein neues Gerät zusammensetze, dann ist auch das eine Form der Produktion.
Die zweite Ebene der Selbstversorgung wäre die Gemeinschaftsnutzung. Wenn ich mit fünf Nachbarn vereinbare,

dass wir gemeinsam einen Rasenmäher, ein Auto, eine Digitalkamera und einen Winkelschleifer haben, kann der Bedarf um vier Fünftel gesenkt werden, ohne dass jemand auf etwas verzichtet. Das zu organisieren kostet Zeit, aber die habe ich aufgrund des Industrierückbaus.

Das Dritte ist die Verlängerung der Nutzung durch pflegliche Verwendung der Gegenstände und durch Reparatur. Man kann sein Leben nach und nach so organisieren, dass man nur Dinge verwendet, die man reparieren kann. Das heißt, wir brauchen weniger Industrieproduktion und weniger Geld.

Ist das nicht die längst vergangene ländliche Idylle?

Im Gegenteil. Die moderne Selbstversorgung basiert auf drei Faktoren. Der erste ist die eigene Zeit. Ein Brot zu backen, etwas zu reparieren, kostet Zeit. Der zweite ist handwerkliches und künstlerisches Geschick. Der dritte ist die soziale Vernetzung: Was ich nicht kann, kann jemand anderer. Das geht besser in der Stadt, weil Sie dort die soziale Dichte und Nähe haben.

Aber waren nicht immer jene Völker fortschrittlich, die ihre Handelsbeziehungen erweitern konnten?

Ja, fortschrittlich im Plündern durch räumlich entgrenzte arbeitsteilige Prozesse. Die Globalisierung der Wirtschaft macht Menschen reich, weil sie Kostenunterschiede bei Ressourcen und Arbeit ausnutzen. Wenn bei österreichischen Löhnen und Steuern ein Smartphone produziert werden müsste, hätten Sie und ich keines. Wir könnten uns das nicht leisten.

Jedes Niederreißen von Handelsgrenzen und jede Entgrenzung der Produktionsketten macht uns reicher. Diese Reichtumsbeschaffung durch internationale Arbeitsteilung ist ein einziger Prozess der Plünderung, ein Abgreifen kostengünstiger Ressourcen und Arbeitskräfte. Auch die EU verkörpert den Versuch, das Wachstum der Güterproduktion über Entgrenzung zu steigern. Wir können billige Produkte aus Portugal beschaffen und unsere Erzeugnisse dorthin verkaufen. Dadurch entstehen mehr Möglichkeiten der Produktion. Das funktioniert für eine Weile. Es hat nur den erheblichen Nachteil, dass wir dadurch den Planeten verheizen.

Ein Leben und eine Lehre gegen den Zeitgeist

Kohrs Theorien waren Zeit seines Lebens unkonventionell, neuartig und gegen den Zeitgeist – und haben auch heute noch nicht ihre volle Entfaltung gefunden. Und doch bietet sein Konzept der kleinen, autonomen Einheiten, seine Lehre vom menschlichen Maß, Lösungsvorschläge für die großen Probleme des 20. und 21. Jahrhunderts.

Sein turbulentes Leben begann im beschaulichen (und überschaubaren) Oberndorf, im Land Salzburg. Dorf und Land prägten seine Vorstellungen von der „richtigen" Größe. Doch aus dem Salzburger aus Oberndorf wurde schon bald ein Europäer, aus dem Europäer wurde ein Amerikaner und aus dem Amerikaner wurde schließlich ein Weltbürger, der häufig seinen Wohnsitz wechselte, aber doch immer wieder zu seinen Wurzeln zurückkehrte.

Lange Zeit nicht beachtet, machte Alfred Winter in den frühen 1980er Jahren wieder auf den Philosophen aufmerksam. Kohrs Werke erschienen nach und nach in deutscher Sprache und seine Philosophie der Größe, begründet in den 1930er Jahren, verbreitete sich langsam. Kohr versucht anhand der verschiedensten Argumente zu erklären, dass das wahre Problem unserer Zeit ein Problem der Größe, der Übergröße ist.

Für seine Ansichten und Vorschläge wurde Leopold Kohr viel kritisiert, nicht ernst genommen und verlacht. 1983 wurde er mit dem Alternativen Nobelpreis ausgezeichnet. Heute sind die kritischen Stimmen zwar nicht gänzlich verstummt, aber die Zahl der Kohr'schen Unterstützer und Befürworter ist markant gestiegen. Der indische Unabhängigkeitskämpfer Mahatma Gandhi hat wohl nicht ganz Unrecht, wenn er sagt: „Zuerst ignorieren sie dich, dann lachen sie über dich, dann bekämpfen sie dich, und dann gewinnst du."

Kohrs Philosophie bietet auf lokaler, europäischer und globaler Ebene alternative Lösungen und Praktiken an. Dabei wird die Divergenz zwischen Theorie und Praxis, zwischen Worten und Taten deutlich. Weder sein Modell eines föderalistischen Europas noch sein Konzept von der „Entwicklung ohne Hilfe" konnten sich in vollem Umfang durchsetzen. Teilerfolge gibt es allerdings zu verzeichnen, wie zum Beispiel die Stärkung regionaler Strukturen und Kompetenzen und ein Umdenken in Sachen Entwicklungszusammenarbeit.

In Stadt und Land Salzburg ist das Fazit, was die Umsetzung der Kohr'schen Ideen betrifft, besonders positiv. Hauptverantwortlich dafür ist die Arbeit des Kulturvereins Tauriska unter der Leitung von Susanna Vötter-Dankl und Christian Vötter.

Kohr bewies mehrmals hellseherische Fähigkeiten. So wie er den Zusammenbruch der großen Imperien wie der Sowjetunion prophezeit hatte, so sagte er auch voraus, dass die Auflösung der großen (europäischen) Nationalstaaten nicht geschehen werde. Bis heute hat sich dies bewahrheitet. Michael Breisky drückte es so aus: „Der Nationalstaat [steht] noch immer an oberster Stelle der Rahmenordnung der Europäischen Union. Sofern nicht Katastrophen riesigen Ausmaßes [Anm.: Kohr würde wieder von dem großen „Bang" sprechen] den Anlaß für eine Totalreform der Union geben sollten, zeigen die Erfahrungen, dass schon der Interessensgegensatz zwischen großen und kleinen sowie zwischen reichen und armen EU-Staaten dafür sorgen wird, das überaus heikle Gleichgewicht zwischen ihnen – wenn überhaupt – nur mit größter Vorsicht zu verändern."
Ob sich das Motto „Kleiner, nachhaltiger, menschlicher,

regionaler!" in (nicht) absehbarer Zeit durchsetzen kann, bleibt ungewiss. Während die einen weiter nach dem Maximum streben, nach Wachstum, Profit und Macht, suchen die anderen bereits nach Alternativen und sehnen sich nach dem Überschaubaren und nach mehr Menschlichkeit.

Der Salzburger Zukunftsforscher Robert Jungk sagte über seinen Freund Leopold Kohr: „Die Bedeutung Leopold Kohrs wird immer mehr steigen, indem die Menschen erkennen werden, dass seine Lehre keine Lehre ist der Kleinstaaterei und des Kantönligeistes, sondern eine Lehre des Menschen, der mit der Wirklichkeit lebt; der nicht irgendwelchen abstrakten Einheiten angehört, der sich nicht irgendwelchen Ideologien unterwirft, sondern der das Sichtbare, Gestaltbare, Erlebbare für wichtig hält. Ich meine, dass dieser Leopold Kohr für die neue Zivilisation, an der wir arbeiten sollten und arbeiten müssen, eine ganz entscheidende Rolle spielen wird, dass er einen ganz entscheidenden Gedanken vorgebracht hat, und ich möchte ihm danken, dass er den Mut gehabt hat, in einer Zeit, wo man geglaubt hat – man glaubt es ja bis heute, dass das Zusammentun von immer größeren Einheiten die Zivilisation weiterbringt – dass er in dieser Zeit den Mut gehabt hat zu sagen: Nein, die glückliche Kultur, die glückliche Zivilisation entsteht dort, wo sie überschaubar ist und jeder mitmachen und mittun kann."

In der Bibliotheksaula der Universität Salzburg wurde an den Wachstumskritiker Niko Paech der Leopold Kohr-Preis 2016 überreicht. V. l.: Landesrat Heinrich Schellhorn, Erwin Thoma (Stifter des Kohr-Preises), Niko Paech, Alfred Winter, Susanna Vötter-Dankl und Van Bo Le-Mentzel (Laudator und Architekt).

Foto: Walter Schweinöster

Projektvorstellung ein Denkmal für Leopold Kohr in Oberndorf, 2012.
V. l.: Johannes Ploner (Kohr-Freund und Porträtist), Uli Guggenberger (Leopold Kohr in Residence), Günter Hartl (Künstler), Thomas Stadler (Kunstinitiative Kreisverkehr), Leopold Kohr als Skulptur, Günther Witzany (Philosoph und Kohr-Wegbegleiter), Otto Beck (Künstler), Susanna Vötter-Dankl und Christian Vötter (beide Leopold Kohr®-Akademie). *Foto: Salzachbrücke/Magazin*

Dokumentation

Interview von Claudia Pfeffer mit Alfred Winter über die Wiederentdeckung von Leopold Kohr

Herr Winter, wie sind Sie mit Leopold Kohr bekannt geworden?

Winter: Als Sonderbeauftragter für kulturelle Angelegenheiten des Landes Salzburg habe ich 1980 die erste Landesausstellung von Salzburg durchgeführt: die Kelten in Mitteleuropa im Keltenmuseum Hallein. Wir haben die Szene der Jugend zur Hälfte zu einem Keltenfestival gemacht, mit Musikern aus Wales, Schottland, Irland und der Bretagne, wo es eine starke keltische Bewegung gibt.

Ich bin immer von meinem Regierungsbüro in der Pfeiffergasse zum Traklhaus gegangen, wo wir das Büro der Szene hatten. Im Traklhaus hatten wir eine englische Assistentin, die für die englische Kommunikation zuständig war. Diese wurde ständig von einem älteren Herrn „belästigt", bis sie sagte: „Der will doch eigentlich dich kennenlernen!" Es war Leopold Kohr. Er sagte, er wohne jetzt in Wales und könne uns die walisischen Kelten bringen, den Erzdruiden von Wales, Geraint Bowen mit Königsornat, und Gwynfor Evans von der walisischen Partei „Plaid Cymru". Da habe ich gesagt: „Sie sind mein Mann!"

Kohr hat dann nächtelang bei Whisky und Crackers erzählt, was er mit „Small is beautiful" am Hut hat. Und er hat all seine Kontakte genützt und alle möglichen Freunde aus der ganzen Welt eingeladen, dass sie zur Keltenausstellung kommen. Das hatte zur Folge, dass in unserem Haus in Salzburg-Parsch in einem Jahr mehr als 20 Partys gefeiert wurden. Kohr war ein großer Partytiger, aber seine Wohnung in der Kaltnergasse war dafür zu klein. Daher hat sich alles im Hause Julia und Alfred Winter abgespielt.

Wir haben einen Katalog produziert für die Keltenausstellung, von dem wir 80.000 Exemplare verkauft haben. Etwa die Hälfte bei der Keltenausstellung selbst und die Hälfte im deutschsprachigen Buchhandel. Mit einem Reingewinn für das Land von fast fünf Millionen Schilling (rund 363 000 Euro). Oberösterreich hat zur gleichen Zeit die Hallstatt-Ausstellung gemacht und allein mit dem Katalog zweieinhalb Millionen Schilling Defizit produziert. Wir haben den Asterix-Zeichner da gehabt und viele tolle Leute. Insgesamt sind 380 000 Leute nach Hallein gekommen. Wir haben für die Keltenausstellung einen walisisch sprachigen, also einen keltisch sprachigen Prospekt gedruckt. Daraufhin sind 6000 bis 7000 Besucher aus Wales gekommen. Das hatte es überhaupt noch nie gegeben in der Geschichte der Waliser, dass ein fremdes Land einen Prospekt in ihrer Sprache gedruckt hat.

Dann bin ich etwa zeitgleich auf die Idee Nationalpark Hohe Tauern gekommen und habe 1980 ein Arbeitsheft publiziert, noch unabhängig von Kohr, aber doch in Vielem seinen Gedanken ähnlich. Landeshauptmann Wilfried Haslauer hat gesagt, wir müssten auch an die Menschen und die Kultur in der Nationalparkregion denken. Das war aber nicht selbstverständlich, weil die Naturschützer den Nationalpark als reines Naturschutzprojekt betrachtet haben. Die Menschen in der geplanten Nationalparkregion haben daher befürchtet, sie würden wie Indianer in Reservaten behandelt werden, wie in den Nationalparks in den USA. Um dem entgegenzuwirken, habe ich den Verein Tauriska gegründet. Wir haben altes Handwerk wieder aktiviert, alte Käsesorten, Bauernmärkte… Der erste Bauernmarkt im Land war in Goldegg, der zweite in Hollersbach. Ich bin sogar angezeigt worden, weil es damals noch verboten war, dass die Bauern ihre Produkte selbst verkaufen. Leopold Kohr ist Präsident von Tauriska geworden und hat Vorträge gehalten für den Nationalpark.

Kohr ist dann im September 1980 zu mir gekommen ins Traklhaus und hat gesagt: „Herr Winter jetzt ist eh alles vorbei, ich muss wieder zurückfahren nach Wales, aber damit sie sehen, dass ich in meinem Leben auch einmal etwas geleistet habe, lasse ich Ihnen zwölf Bücher da. Das ist mein Lebenswerk, das können sie sich anschauen." Eine Wahrsagerin – Kohr war nicht abergläubisch – habe ihm gesagt, er müsse in vier Wochen wieder nach Salzburg kommen, weil er hier sterben würde. Kohr ist dann nach Aberystwyth gefahren. Ich habe in die Bücher hineingeschaut, wo Kenneth Kaunda, der Staatspräsident von Sambia, in einem Vorwort geschrieben hat, Kohr sei der größte Philosoph des Jahrhunderts. Auch Ivan Illich hatte ein Vorwort geschrieben. Und Fritz Schumacher, der das Buch „Small is beautiful" geschrieben hat, meinte, Leopold Kohr sei sein größter Lehrer.

Da dachte ich mir: Das kann nicht sein. Niemand kennt Leopold Kohr bei uns, und der kommt vielleicht zurück und stirbt, und wir sehen erst im Nachhinein, wie bedeutend er war. Ich habe daher blitzartig meine guten Pressekontakte zu allen möglichen Zeitungen, Fernsehen, auch in Deutschland, aktiviert. Franz Kreuzer, Chefredakteur der Arbeiterzeitung, hat im ORF-Club 2 vergessene Berühmtheiten zu einer zweistündigen Diskussion geholt. Den habe ich angerufen und gesagt: „Herr Kreuzer, ich hätte da vielleicht jemand Interessanten für Sie, den Leopold Kohr". Er meinte: „Was, der lebt überhaupt noch?" Ich habe also Gott und die Welt mobilisiert und dann Kohr in Wales angerufen und gesagt. „Herr Professor, sie können schon kommen, aber mit'm Sterben is' nix, denn jetzt werdn's erst entdeckt!" Kohr kam nach Salzburg zurück, fiel um und erlitt einen Herzinfarkt, ist aber nicht gestorben. Später hat er gesagt, wahrscheinlich habe ihm sein Unterbewusstsein gesagt, er werde doch noch entdeckt, und das habe ihn gerettet. So haben wir also begonnen Leopold Kohr, wo es nur irgendwo ging, zu forcieren.

Ich hatte auch einen guten Kontakt zu dem Weltkonzern IBM. Die haben ein Kohr-Buch gesponsert. Eines Tages ruft mich der Österreich-Generaldirektor an und sagt, „Herr Winter, Sie haben erzählt, Sie haben da einen Stall im Gebirge. Wir haben ein Meeting der zwölf ‚Top of the Top‘-Manager. Die möchten sich über die Zukunft von IBM unterhalten. Dazu wollen wir in diesen Schweinestall gehen." Das war der Kammerlanderstall in Neukirchen. Die Besonderheit, die sie wollten, war allerdings, dass Leopold Kohr als Afterdinner-Speaker auftreten sollte. Kohr hat gesagt, IBM werde zerbrechen an seiner Größe. „Teilen Sie sich in kleine Firmen auf, in Diversifizierungsfirmen, und Sie werden Erfolg haben." Die sechs jüngeren der zwölf Manager haben alle gesagt, das ist unsere Zukunft! Aber es haben natürlich die älteren die Oberhand behalten – bis IBM bedeutungslos geworden ist.

Ich habe Leopold Kohr sehr viele Interviews im Cafe Tomaselli in Salzburg vermittelt, und dann haben wir die Leopold Kohr®-Akademie in Neukirchen gegründet und versucht, sein Werk zu erhalten oder den Menschen wieder zu geben. 1982 hat sich Landeshauptmann Haslauer der Kohr-Sache angenommen und hat ihm die höchste Ehrung des Landes, den Ring des Landes, überreicht. Als Kohr starb, hat er mir den Nachlass hinterlassen. Dieser war in schlechtem Zustand, zum Teil feucht. Ewald Hiebl hat sich darum sehr verdient gemacht.

Es war schwierig einen Verlag zu finden, der die Bücher von Leopold Kohr verlegt. Aber wir haben uns nachhaltig bemüht, das Kohr'sche Gedankengut weiterzubringen. Der Nationalpark ist so verwirklicht worden, wie wir wollten. Wir haben bei der Gründung vieler Kulturvereine geholfen. Das war alles sozusagen im Kohr'schen Sinn „Hilfe zur Selbsthilfe", also „Entwicklungshilfe ohne Hilfe". Und das hat funktioniert.

Wie haben Sie dem Menschen Leopold Kohr erlebt?

Er war ein sehr liebenswürdiger Mensch, der aber manchmal auch gut streiten konnte. Zum Beispiel: Sein Nachbar in Aberystwyth war ein Bäcker, der hat den Hauseingang von Kohr immer mit Mehl angestaubt. Da hat da Kohr einen solchen Rappel gekriegt, dass er sein Haus verkauft hat.

Etwas ganz Besonders war Kohrs Prinzip, ein Gast zu sein. „How to be a guest" ist ein Buch von Kohr, das es wahrscheinlich nie geben wird, weil wir das Manuskript nicht haben. Das hat er einem Freund in Liechtenstein vermacht, einem reichen Mann, der aus Salzburg stammte. Wenn ein Freund von Leopold gekommen ist und er war nicht da, hat er mich angerufen und gesagt, Alfred, es kommt der Parlamentspräsident von England, der Mister Speaker. Das hat bedeutet, dass man alles fallen lassen und sich drei Tage dem Freund von Leopold Kohr widmen musste. Der Mister Speaker war völlig von den Socken, wie gut es ihm und seiner Frau in Salzburg gegangen ist. Er hat gesagt, hier ist meine Karte, wenn sie je nach London kommen – und warten's nicht zu lange – müssen sie mich anrufen. Die Gelegenheit hat sich bald ergeben. Denn wir haben einen Film gedreht „Fern vom Garten Eden", eine Produktion der BBC und des ORF, den ich dazu gebracht habe mitzumachen. Das war alles sehr schwierig und ich war zu Verhandlungen in London. Da habe ich mir gedacht, ich ruf den Parlamentspräsidenten an. Der Sekretär am Apparat sagte, „Just a moment, you are Alfred Winter?" „Yes indeed." Schon am übernächsten Tag hat der Parlamentspräsident für mich einen Empfang im House of Parlaments gegeben. Das war natürlich ein Hammer.

Wenn Kohr in Salzburg irgendwelche Probleme gehabt hat, hat er sich bei uns gerührt. Einmal ist er mit seinem Führerschein, ausgestellt in Puerto-Rico, unterwegs gewesen, der bei uns nicht gültig ist. Die Polizei hat ihn festgenommen. Daraufhin habe ich den Mann angerufen, der mich Jahre zuvor verhört hatte wegen der Szene der Jugend (weil mich der Festspielpräsident angezeigt hatte). Der war mittlerweile ein sehr guter Freund geworden und ist sofort eingesprungen. Er hat Kohr mit Polizeieskorte nach Hause gebracht. Dieses Freundschaftsprinzip ist eine herausragende Besonderheit des Leopold Kohr gewesen.

Leopold Kohr wurde oft als sehr humorvoll geschildert.

Als er bei den Salzburger Hochschulwochen einen Vortrag gehalten hat, sah er, dass in der vierten Reihe vier Klosterschwestern weggeschlafen waren. Er unterbrach seinen Vortrag, indem er sagte, oft komme man bei Vorträgen in die Situation, dass man das Thema wechseln müsse, und erzählte einen Witz: Kommen zwei Freunde zusammen. Einer ist im Himmel, der andere in der Hölle. Der aus dem Himmel sagt: Na wie geht's dir, du Armer? Der erwidert: Mir geht es nicht schlecht, wir haben alles in der Hölle, Frauen, Champagner, Autos, Partys, Kaviar. Wir leben in Saus und Braus, schöner könnte es nicht sein. Und wie geht's dir im Himmel? Der Freund antwortet: Naja, wir stehen in der Früh auf, Halleluja singen, Wolken putzen, Halleluja singen, Wolken putzen und das den ganzen Tag. Der aus der Hölle fragt: Habt ihr keine Gewerkschaft? Der aus dem Himmel erwidert: Nein, zu wenig Leute.

Viel von der Wesensart Leopold Kohrs bringt ein Satz zum Ausdruck, den er zu Bruno Kreisky formulierte. Kohr hat den österreichischen Bundeskanzler sehr geschätzt wegen seiner staatsmännischen Art. Kreisky meinte dagegen, Kohr sei ein Sozialromantiker. Darauf hat Kohr erwidert: „Der Mensch kommt vom Staub und wird zum Staub. Dazwischen hat er viele Auslagen und Kosten und für einen Rationalisten macht das überhaupt keinen Sinn. Nur der Romantiker kann in dem Regenbogen, der den Anfang mit dem Ende verbindet, etwas sehen."

Kohr wird ja auch als Pionier der Umweltbewegung bezeichnet, als Vorreiter, wie sehen sie das?

Ja, das war speziell in Amerika oder auch in England, wo die Unabhängigkeitsbewegungen fast immer identisch waren mit der Ökologiebewegung. Kohr war sozusagen der geistige Pionier für die Grünen. Ich habe auch sehr viele Konferenzen für ihn organisiert, einmal habe ich den Club of Rome hergebracht, da war Kohr schon aktuell. Wir haben dann viele Tagungen mit Kohr-Freunden organisiert, haben zum Beispiel 1982 Kohr-Freunde aus der ganzen Welt zusammengeholt. Das war eine tolle Sache. 1983 hat Leopold Kohr den alternativen Nobelpreis bekommen. Da hat man auch gesehen, wie er Vorbild war für viele andere. Da hat sich wieder das Tor für völlig neue Freundschaftsbeziehungen aufgetan, weil wir dann auch das 20- und 25-Jahr-Jubiläum in Salzburg gefeiert haben. Beim 25-Jahr-Jubiläum des alternativen Nobelpreises im Juni 2005 haben wir an die 80 Preisträger aus der ganzen Welt zusammengeholt.

Das mit der Umweltfrage darf man vielleicht nicht ganz eng sehen, wie sich die Umweltbewegung selbst sieht. Kohr hat gemeint, wenn ich eigenständig bin, mich in meinem eigenen Umkreis ernähre, ist das nicht nur gesünder, sondern auch nachhaltiger. Denn dann brauche ich nicht irgendwie hochgespritzte, lang haltbare Ware von weither transportieren und so weiter.

Natürlich muss ich auch sagen, dass Kohr lange Zeit wirklich verlacht worden ist. Er hat auch gesagt, er ist für ein einiges

Europa aber Einigung durch Teilung. In Europa gibt es über 60 Kulturen, von denen redet kein Mensch, da wird drübergefahren. Kohr meinte dagegen, „wollen wir statt zwei oder drei Knödel zehn Knödel essen?" Seine Symbolsprache war wichtig. Aber viele wissenschaftliche Kollegen oder Publizisten haben seine Witzigkeit oder seine drastische und plastische Darstellungskraft als unwissenschaftlich hingestellt. Aber Wissenschaftliches muss nicht immer unverständlich sein.

Haben Sie Kritikpunkte an der Philosophie von Kohr?

Kohr wollte eine kosmische Theologie schreiben, die hat er aber zum Glück nicht geschrieben. Da hätte er sich ein bisschen verrannt. Und dann war natürlich ein Problem, dass man in seiner Nähe auch immer sein persönliches Leben, sein unstetes Leben abbekommen hat. Er war immer sehr unschlüssig. Er ist von Aberystwyth übersiedelt in das Haus von Manning Farrell in Gloucester. Da ist dann ein Dutzend Mal eingebrochen worden binnen drei Jahren. Dann hat er mit einer Frau sechzehn Jahre zusammengelebt, mit Diana Lodge, die hat sich eine Zeit lang Kohr genannt, aber die beiden haben sich dann wieder getrennt. Es gab einen Colin Lodge, von dem es hieß, er sei der Sohn von Kohr, aber es ist dann festgestellt worden, dass er es nicht war. Also dieser private Bereich war eher schwierig. Es waren auch viele Studentinnen, die gesagt haben, warum heiratest du mich nicht, Leopold?

Was haben Sie über den Vater Leopold Kohrs gehört?

Ich hab nur wenig über ihn gelesen... Ein Industrieller hat
die Glasbläserei in Bürmoos begonnen. Er war ein tsche-
chischer Jude, sehr sozial eingestellt, und wollte ein Spital
bauen für die Mitarbeiter. Das ist ihm nicht gelungen, aber
er hat es geschafft, einen Firmenarzt zu holen. Das war der
Vater von Leopold Kohr. Dieser hat sich, weil es in Bürmoos keine Möglichkeit gegeben hat, in Oberndorf als All-
gemeinmediziner niedergelassen. Dieser Firmenarzt war
auch jüdischer Herkunft. Er ist daher zwei Tage vor der
Hochzeit – mit der Tochter des Apothekers – getauft worden. Kohr berichtete, sein Vater sei „halbjüdisch" gewesen.
Es gab aber auch die Version, dass er „Volljude" war. Er
hat aber als Arzt im Jahr 1934, als die Nazi in Lamprechtshausen geputscht haben, die Leute verarztet, die von der
Heimwehr ebenso wie die von den Nazis, und hat dadurch
einigen Leuten das Leben gerettet. Als dann 1938 Hitler
gekommen ist, haben die Autoritäten gewusst, dem Kohr
dürfen wir nichts antun, denn der hat unseren Leuten das
Leben gerettet. Daher haben sie den Vater Kohr kurzerhand
zum „Halbjuden" erklärt, was ihn fürs erste geschützt hat.

Zu den zwei besten Freunden von Leopold Kohr gehörten
der Sohn von Landeshauptmannstellvertreter Preussler,
SPÖ, und der Sohn einer berühmten deutschnationalen Familie Lippert. Dieser musste 1934 das Land verlassen. Kohr
hat ihn aber in München besucht und die Freundschaft hat
gehalten. 1938 ist Ingenieur Lippert nach Salzburg gefah-

ren, damit dem Vater von Kohr nichts passiert. 1972 hatte dieser Ingenieur Lippert in Salzburg ein Tonstudio. Er hat uns für die Szene der Jugend Tonequipment gegeben. Und da habe ich eines Freitags vergessen, für den Samstagabend die Mikrofone zu bestellen. Am Samstag in der Früh bin ich nach Nonntal in das Haus der Familie Lippert. Herr Lippert macht die die Tür auf, es kommt ein alter Mann heraus und geht weg. Lippert sagt: „Herr Winter, alles, was sie machen, ist nichts. Das hier ist der größte Philosoph des Jahrhunderts, um den sollten sie sich kümmern." Das war das erste Mal, dass ich Leopold Kohr bewusst gesehen habe, 1972. Aber es sollte noch bis 1979 dauern, bis zur Vorbereitung der Keltenausstellung, dass sich der Kreis geschlossen hat.

Friederike Prodinger war im humanistischen Gymnasium das einzige Mädchen in der Klasse von Leopold Kohr. Sie hat immer gesagt, „er war so frech, er war so frech". Ich habe auch seine Maturaarbeit, in der irgendwo als Kommentar steht: „Ist von sich selbst sehr eingenommen."
Kohr hat natürlich korrespondiert mit Gott und der Welt. Mit dem Otto Habsburg, für den er auch in Amerika sehr viel getan hat, mit dem Herzog von Edinburgh, dem Mann der Königin, der sehr alternativ eingestellt ist.

Wie schätzen Sie den Bekanntheitsgrad von Kohr ein?

Es gibt bei manchen Familien schwierige Verhältnisse. Das war auch bei der Familie Kohr so. Aber das hat mich nicht gekümmert. Mein Weg war der, Leopold Kohr zu seinem

Recht zu verhelfen, ihn bekannt zu machen. Ich denke, das ist gelungen. Dass die Politik nicht mehr auf Kohr hört, ist das Problem der Politik. Wenn man nicht danach handeln will, ist man selber schuld. Man kann die Politik nicht dazu zwingen, nach Kohr zu handeln und zu arbeiten. Wir haben getan, was zu tun war. Es ist kaum vorstellbar, was Susanna Vötter-Dankl und Christian Vötter geleistet haben.

Ich denke, die Leute sollten sich mehr mit den Kohr'schen Ideen beschäftigen. Es ist zwar schön, wenn man von der Globalisierung redet, aber globalisiert wird meist nur zum Nutzen der großen Konzerne. Ich glaube, wir müssen wieder zu mehr Spiritualität kommen. So wie Ödön von Horvath schrieb in „Jugend ohne Gott". Wir glauben, wir beherrschen alles total, aber das ist nicht so. Kohr hat gesagt, der Mensch steht im Mittelpunkt. Ich würde ergänzen, zu diesem Menschen gehört der Mensch nicht nur als materialistisches Wesen, sondern auch als spirituelles Wesen.

Landeshauptmann Wilfried Haslauer sen. überreicht Leopold Kohr im Mai 1981 in der Salzburger Residenz den Ring des Landes Salzburg. *Foto: Landespressebüro*

Im Cafe Tomaselli feiert Leopold Kohr 1984 mit 200 geladenen Gästen seinen 75. Geburtstag, aus diesem Anlass lud Frau Dorothea Anna Tomaselli zu Kaffee und Kuchen. V. l.: Alfred Winter (stehend), Leopold Kohr umgeben von den Festgästen. *Foto: Tautscher*

Die Stadtgemeinde Oberndorf verleiht den Ehrenring in Gold an Leopold Kohr, 1985: v. l.: Bürgermeister Raimund Traintinger, LH-Stv. Wolfgang Radlegger und Leopold Kohr. *Foto: Werner Mötschlmaier*

Leopold Kohr besucht Erzbischof Karl Berg in seinem Alterssitz in Mattsee, 1988. *Foto: Archiv Winter*

Leopold Kohr trifft Wilfried Haslauer sen. – Karikatur von Alfred Winter, 1986

Im Herbst 1989, anlässlich seines 80. Geburtstages, wird Leopold Kohr das „Große Goldene Ehrenzeichen der Republik Österreich" verliehen. Im Bild mit Alfred Winter.   *Foto: Landespressebüro*

Eröffnung des Leopold Kohr-Denkmales in Oberndorf bei Salzburg, Jahr 2013.
V. l.: Uli Guggenberger(Kohr in Residence), Vizebürgermeisterin Sabine Mayr-
hofer, Thomas Stadler (Initiative Kreisverkehr), Künstler Günter Hartl, Bürgermeister Peter Schröder, Susanna Vötter-Dankl, Leopold Kohr®-Akademie und
Alfred Winter.   *Foto: Archiv Tauriska*

Eine Aufgabe der Leopold Kohr®-Akademie ist es interessierte und visionäre Men-
schen zusammenzubringen, den Wissensaustausch zu fördern bis hin zu den Ent-
wicklungen neuer zukunftsweisender Konzepten. Das Netzwerk TEXTILE-
ARCHITEKTUR trifft sich zum Symposion in Salzburg, 2016. V. l.: Wolfgang
Huber, Architekt, Susanna Vötter-Dankl, Leopold Kohr®-Akademie, Lars Meeß-
Olsohn, Textile-Architektur und Richard Vill, Europäische Textilakademie.
                                                    Foto: Walter Schweinöster

Verleihung des Leopold Kohr-Preises 2010 in der Großen Aula der Universität Salzburg: v. r.: Preisträger Dieter Senghaas (Friedensforscher), Günther Burkert-Dottolo (BM für Wissenschaft), LH-Stv. Wilfried Haslauer, die Träger des Kohr-Förderpreises für ihr fairkehr-Projekt Fang Liang He, Lukas Uitz, Erik Schnaitl, Herbert Kilian, Alfred Winter (Kohr Entdecker), Reinhold Wagnleitner (Vorsitzender des wissenschaftlichen Beirates der Leopold Kohr®-Akademie), Susanna Vötter-Dankl – Leiterin der Leopold Kohr®-Akademie – alle in einem Gehzeug von Fairkehr. *Foto: Walter Schweinöster*

Leopold Kohr-Ehrenpreis 2013 in der Berchtoldvilla, Salzburg: v. l.: Schriftsteller und Laudator Walter Müller, Susanna Vötter-Dankl, Leopold Kohr-Ehrenpreisträger Claus Biegert (Journalist, Mitbegründer des Nucelar-Free Future Awards) und Alfred Winter. *Foto: Walter Schweinöster*

Historiker Ewald Hiebl (l.) und Philosoph Günther Witzany sind die Herausgeber des Gesamtwerkes der Leopold Kohr-Bücher im Otto Müller-Verlag.

Foto: Walter Schweinöster

Gerald Lehner (r.) und Leopold Kohr bei den zahlreichen Gesprächen für die Kohr-Biographie im Jahr 1993. *Foto: Frank Tichy*

Biographie und Bibliographie – Lebenslauf

5. Oktober 1909
Geburt in Oberndorf bei Salzburg

1916–1928
Besuch der Volksschule in Oberndorf und des Humanistischen Bundesgymnasiums in Salzburg, wohnt im Schülerheim Rupertinum

1928
Reifeprüfung; Beginn des Studiums der Rechtswissenschaften in Innsbruck

1928–1929
Ab Spätherbst 1928 lebt er fast ein Jahr in London, studiert an der London School of Economics und knüpft Kontakte zu hochrangigen Ökonomen und Politikern der Labour Party.

1929
Gründung einer sozialdemokratischen Studentengruppe in Innsbruck (u. a. mit dem späteren Außenminister Karl Gruber, ÖVP)

1933

Promotion zum Dr. jur. an der Universität Innsbruck

1933–1937

Gerichtsjahr in Salzburg und Wien. Studium der Staats-
wissenschaften an der Universität Wien. Während mehrerer
Aufenthalte in Paris arbeitet er als Journalist und ist an der
dortigen Universität inskribiert.

1937

Promotion zum Dr. rer. pol. an der Universität Wien

1937

Berichterstatter für österreichische und Schweizer Zeitungen
und für die Pariser Nachrichtenagentur Agence Viator im
Spanischen Bürgerkrieg. In Spanien lernt er die Anarchis-
tenbewegung kennen und schließt Bekanntschaft mit Eric
Arthur Blair (alias George Orwell), Ernest Hemingway und
André Malraux.

1938

Nach dem „Anschluss" Österreichs an Hitler-Deutschland
Engagement in einer Widerstandsgruppe in Paris, der auch
Otto Habsburg angehört. Sie versucht mit Hilfe des Diplo-
maten Egon Ranshofen-Wertheimer, den Völkerbund in
Genf zu deutlicherer Ablehnung des Vorgehens der Deut-
schen zu ermuntern. Um ein Visum für die Emigration nach
New York zu erhalten, reist Kohr nach Salzburg, mit knap-
per Not gelingt die Rückkehr nach Paris. Am 31. Oktober

erreicht er von Le Havre aus New York. Zunächst wohnt er bei dem Bäcker Lämmermeyer, einem gebürtigen Oberndorfer. Auf einer Reise nach Toronto lernt er den Historiker Georg M. Wrong kennen, bei dessen Familie er einige Zeit wohnt.

1939–1943

Arbeitet im Nordwesten Kanadas sechs Wochen lang in einem Goldbergwerk. Seine gesundheitlichen Probleme (beginnende Taubheit) rühren von den Anstrengungen her, denen er dort ausgesetzt ist. Auch in Amerika setzt er den politischen und publizistischen Kampf gegen den Nationalsozialismus und für die Unabhängigkeit Österreichs fort, u. a. in der „Österreich-frei-Bewegung" und mit Artikeln in der Washington Post. Ab 1941 arbeitet er für die Carnegie Endowment for International Peace in Washington und leitet eine Studiengruppe zur Geschichte von Wirtschaftsgemeinschaften. Im selben Jahr erscheint im New Yorker Magazin The Commonweal sein Aufsatz Disunion Now, in dem er die Zerschlagung von Großmächten fordert.

1943–1955

Unterrichtet an der Rutgers University in New Jersey die Fächer Nationalökonomie und Politische Philosophie. Mit seinen Kollegen Robert J. Alexander und Anatol Murad, einem gebürtigen Wiener, verbindet ihn eine enge Freundschaft, und er lernt Romulo Betancourt, den Staatspräsidenten von Venezuela, kennen.

1950/51

Schreibt sein erstes Buch The Breakdown of Nations, das 1957 in London erscheint. Erstmals seit seiner Emigration kehrt er in den Sommerferien wieder in seine österreichische Heimat Oberndorf zurück.

1955–1973

Lehrt Nationalökonomie an der Staatsuniversität von Puerto Rico in San Juan. Er unterstützt die Unabhängigkeitsbestrebungen der Inselbewohner gegen die Vorherrschaft der USA und setzt sich gegen die drohende Zerstörung der Altstadt von San Juan durch US-amerikanische Industriegiganten ein. Architektur, Stadt- und Dorferneuerung sowie Verkehrsberuhigung werden neue Schwerpunkte in seinen Theorien.

1958

Lernt den walisischen Pazifisten und Nationalisten Gwynfor Evans kennen und unterstützt von da an die Aktionen der Plaid Cymru (walisische Unabhängigkeitsbewegung) gegen die Londoner Zentralregierung, gegen Atomrüstung und Kernkraftwerke sowie für die Erhaltung der keltischen Kultur.

1967

Hilft als Berater mit, auf der Karibikinsel Anguilla einen unabhängigen Staat zu gründen. Nach einem Jahr scheitert der Versuch an der Intervention der britischen Kolonialmacht.

132

1970

Lernt in London über seinen Freund John Papworth den britischen Nationalökonomen Fritz Schumacher kennen, der später mit seinem Buch Small is Beautiful weltberühmt wird. Schumacher bezeichnet ihn als wichtigsten Lehrer. Auch die Bekanntschaft mit Kenneth Kaunda, dem Präsidenten von Zambia, verdankt er John Papworth. Die Einladung, in Zambia eine Akademie zu gründen, lehnt er ab. Kaunda schreibt das Vorwort zu Development without Aid (Entwicklung ohne Hilfe), in dem er sich mit Entwicklungshilfe und Dritter Welt auseinandersetzt.

1973

Nach der Pensionierung Übersiedlung von Puerto Rico ins walisische Aberystwyth, unterrichtet fünf Jahre am Extra Mural Department der dortigen Universität. Er schließt Freundschaft mit den Anthropologen Alwyn Rees, Brynmore Thomas sowie mit dem Literaturwissenschafter Walford Davies.

1978

Kommt für ein Semester nach Salzburg, um an der Universität (Edmundsburg) Vorträge zu halten.

1980

Im Zuge der Vorbereitungen zur großen Keltenausstellung 1980 in Hallein lernt Alfred Winter Leopold Kohr kennen und macht ihn und seine Ideen in seiner Heimat wie im deutschen Sprachraum bekannt.

Leopold Kohr mobilisiert seine keltischen Freunde aus Wales wie aus USA, Kanada und Europa als Besucher zur überaus erfolgreichen int. Keltenausstellung in Hallein (380 000 Besucher).

Kohr lebt teilweise in Salzburg-Parsch, dann bei Hellbrunn, sein Wohnsitz ist aber noch Aberystwyth, Wales.

1981
Verleihung Ring des Landes Salzburg

1982
Die Hamburger Wochenzeitung „DIE ZEIT" (3. 12. 1982, Rolf Michaelis) publiziert Alfred Winters Entdeckungsartikel über Leopold Kohr „Entdeckung eines vergessenen Propheten – Die Welt ein Wirtshaus".

Franz Kreuzer (ORF) interviewt Kohr in seiner populären TV-Sendung „Nachtstudio".

Das Land Salzburg veranstaltet mit dem ORF unter großer internationaler Beteiligung ein Symposion zu Ehren von Leopold Kohr: Rückkehr zum menschlichen Maß (28. bis 30. April 1982).

1983
Erhält in Stockholm als erster Österreicher den Right Livelihood Honorary Award, den Alternativen Nobelpreis.

1984
Treffen mit dem Bundespräsidenten Rudolf Kirchschläger im Cafe Tomaselli

1985
Ehrenring in Gold der Stadt Oberndorf

1986–1994
Übersiedelt von Aberystwyth ins südwestenglische Gloucester. Er ist viel auf Reisen, hält Vorträge und Gastvorlesungen. Während der Abwesenheit wird in seinem Haus in Gloucester mehr als ein Dutzend Mal eingebrochen.

1986
Leopold Kohr und Alfred Winter gründen die Leopold Kohr®-Akademie und den Kulturverein Tauriska im „Kammerlanderstall" in Neukirchen am Großvenediger. Mit zahlreichen Symposien und Kulturveranstaltungen wird versucht, seine Ideen in die Praxis umzusetzen. Verantwortlich für die Kohr-Akademie und Tauriska sind Susanna Vötter-Dankl, Christian Vötter und Günther Nowotny. Das Kohr-Archiv leitet seit 2008 der Historiker Ewald Hiebl von der Universität Salzburg.

1986
Ehrenbürger der Stadt Salzburg

1989
In der Ausgabe der „New York Times" vom 22. Oktober 1989 würdigt der aus Wien stammende Redakteur Hans Fantel Kohrs Beitrag zur Gründung des Nationalparks Hohe Tauern durch das Tauriska-Projekt Alfred Winters.

1989

Goldenes Ehrenzeichen der Republik Österreich

1992

Franz Kreuzer (ORF), Ernst Trost (Kronenzeitung) und andere wollen Kohr-Biographie schreiben, Alfred Winter gibt Gerald Lehner den Vorzug.

Beim World Uranium Hearing versammeln sich erstmals Opfer radioaktiver Strahlung aus aller Welt in Salzburg. 300 Menschen aus fünf Kontinenten konnten erstmals Erfahrungen und ihre Strategien für die Zukunft austauschen. Jui Ritkeu (Schriftsteller der Tschuktschen vom Volk Ostsibiriens), der indianische Sänger und Schauspieler Floyd Red Crow Westermann, Robert Jungk, Leopold Kohr, Petra Kelly und Gerd Bastian gehören zum „Bord of Listeners", das die Aufgabe hat, das Gehörte in die Öffentlichkeit zu tragen.

1993

Gerald Lehner beginnt mit den Arbeiten an Kohrs Biographie. Einige Reisen führten ihn auf Kohrs Spuren nach London, Südwestengland und Wales. Insgesamt nimmt er mehr als 50 Stunden Interviews mit ihm auf Tonband auf.

1993

Vorbereitungen zur Übersiedlung nach Oberndorf in den „Salzachhof". Kohr liebt die Dachwohnung von Freund und Porträtist Johannes Ploner, die er schon zuvor bewohnte.

136

26. Februar 1994
Tod in Gloucester

15. 3. 1994
Alterzbischof Karl Berg bestattet Leopold Kohrs Urne auf
dem Friedhof Oberndorf.

Leopold Kohr ist lebendig

1996
Jubiläum 10 Jahre Tauriska und Leopold Kohr®-Akademie
mit Ausstellung und Präsentation der Tauriska-Kulturarbeit
in der Fernsehsendung „Aufgegabelt in Österreich"

1998
Der „Nuclear Free Future Award" wird erstmals 1998 in
der erzbischöflichen Residenz in Salzburg verliehen. Die
Preisträger sind Yvonne Margarula, Australien (Kategorie
Widerstand), Raúl Montenegro, Argentinien (Kategorie
Aufklärung), Hari Sharan, Indien (Kategorie Lösungen)
und Maisie Shiell, Kanada (Kategorie Lebenswerk).

1999

Symposium „20 Jahre Alternativer Nobelpreis" von 28. Mai bis 2. Juni in Salzburg, Organisation und Durchführung Leopold Kohr®-Akademie

Seit 1999

Jährlich werden zwei bis vier Alternative Nobelpreisträger nach Salzburg zu Begegnungen, Vorträgen, Diskussionen und Exkursionen in Stadt und Land Salzburg eingeladen.

2001–2012

Wissenschaftlicher Beirat der Leopold Kohr®-Akademie kümmert sich um die globale Vernetzung der Initiativen der Kohr-Akademie und versteht sich – ganz im Sinne Kohrs – als unkonventionelle Ideen- und Denkwerkstatt. Lehrveranstaltungen, Ringvorlesungen (in enger Kooperation mit der Universität Salzburg), Gesprächsrunden und unterschiedlichste Aktivitäten befassen sich mit dem Gedankengut von Leopold Kohr.

2005

„25 Jahre Alternativer Nobelpreis" von 8. bis 13. Juni in Salzburg. 90 Veranstaltungen in Land und Stadt Salzburg. Am „Tag der Begegnung" finden 69 Veranstaltungen mit den Alternativen Nobelpreisträgern in mehr als 50 Gemeinden (ca. 3500 Teilnehmer/Besucher) in Salzburg sowie im benachbarten Bayern statt. Organisation und Durchführung Leopold Kohr®-Akademie

2006

20 Jahre Tauriska/Leopold Kohr®-Akademie – kulturelle Arbeit mitten im Pinzgau: konstante, produktive und anerkannte, oft bahnbrechende und wegweisende Arbeit in den Bereichen Kunst, Kultur und Wissenschaft. Geburtstagsfest: Tauriska in der Region Nationalpark Hohe Tauern, Ausstrahlung in der Sendung „Aufgegabelt in Österreich"

Aufbau der Bramberger Obstpresse und der Apfeltrocknungsanlage. Die Obstpresse wird zur Initialzündung für eine ganze Reihe an Maßnahmen. Sukzessive bauen die Projektbetreiber eine solide Wertschöpfungskette zwischen Landwirtschaft, Tourismus und Handel auf. Eine Fülle von regionalen Köstlichkeiten wird kreiert, weshalb sich die Region seit 2007 "Genussregion Bramberger Obstsaft" nennen darf. Praktisches Projekt ganz im Sinne von Leopold Kohr

2007

Der „Nuclear-Free Future Award" wird zum Zehn-Jahre-Jubiläum neuerlich in Salzburg vergeben. Die Preisträger sind Charmaine White Face, USA (Widerstand), Siegwart-Horst Günther, Deutschland (Aufklärung), Tadatoshi Akiba, Japan (Lösungen) sowie Freda Meissner-Blau, Österreich, und Armin Weiß, Deutschland (Lebenswerk).

2008

Symposion „Das menschliche Maß nach Leopold Kohr" in der Österreichischen Botschaft in Berlin
Jurysitzung des Alternativen Nobelpreises in Salzburg

2008

Die Universität Salzburg bietet der Leopold Kohr®-Akademie und dem Leopold Kohr-Archiv eine eigenständige Heimstätte, zudem bestehen mannigfaltige Kooperationen.

2009

Salzburg feiert den 100. Geburtstag des Denkers und Nationalökonomen Leopold Kohr (1909–1994). Zahlreiche Veranstaltungen und Projekte.
Sonderausstellung „Das menschliche Maß" im Salzburg Museum
Lehrveranstaltungen „Erfahrungs- und Erinnerungswissen" und Ringvorlesungen zu Leopold Kohr an der Universität Salzburg

2010

Vergabe des 1. Internationalen Leopold Kohr-Preises für soziale, kulturelle und ökonomisch nachhaltige Projekte an den Friedensforscher Dieter Senghaas, Bremen. Er erhält den Preis für sein Lebenswerk im Sinne von Leopold Kohr.

Leopold Kohr-Förderpreis: „fairkehr"-Verein zur Förderung verkehrspolitischer Bewusstseinsbildung. Aktionen „fairkehrtes Fest" – „Gehzeug" entsprechen Leopold Kohrs Forderung nach menschengerechten Städten und einer Entschleunigung des Lebens.

Leopold Kohr-Ausstellung und Salzburg-Tage in Bremen „Das andere Salzburg in Bremen". Neben der internationalen Ausstellung im Haus der Wissenschaft gibt es zahlreiche Konzerte, Kabarett, Diskussionen und Vorträge. Eröffnung durch LH-Stv. Wilfried Haslauer und Bürgermeisterin Karoline Linnert

2011
Mit einer Vielzahl von Veranstaltungen kultureller, wissenschaftlicher und wirtschaftlicher Art präsentiert sich die Freie Hansestadt Bremen in Salzburg.

2011
Der Verein Tauriska und die „Leopold Kohr®-Akademie" feiern ihr 25-Jahre-Jubiläum. Anlässlich des Tauriska-Festivals finden Vorträge, Ausstellungen und Veranstaltungen statt. In Mühldorf am Inn wird im Rathaus die Ausstellung „Das menschliche Maß" gezeigt.

2012
„Small ist beautiful" – der Slogan von Leopold Kohr ist Grundlage einer intensiven und fruchtbaren Städtefreundschaft zwischen Salzburg und Bremen. Auch beim 40-Jahre-Jubiläum des „Bremer Presse-Club" ist die Landeshauptstadt Salzburg würdig vertreten.

2013
Leopold Kohr-Ehrenpreis: Tauriska-Medaille an Claus Biegert, Uffing/Deutschland. Auszeichnung für sein Lebenswerk gegen die Atomenergie, für seinen Einsatz für das menschliche Maß und die Rechte indigener Völker. Initiator und Mitbegründer des Nuclear-Free Future Award

2014

Der Leopold Kohr-Hörsaal im Wallistrakt/Dombögen der Universität Salzburg wird von Landeshauptmann Wilfried Haslauer jun. und Rektor Heinrich Schmidinger eröffnet.

2014 – 2016

Runder Tisch mit Hauptvortrag im Rahmen der Reihe „Zurück zum menschlichen Maß". Themen sind „Chancen und Barrieren einer Postwachstumsökonomie", „Zukunftsfähige Krankenhäuser", „Ist sterben noch zeitgemäß?" (2015) und „Beherrschen uns die Biowissenschaften? – 36 Jahre nach dem Ende des Naturwissenschaftlichen Zeitalters" (2016)

2015

Tauriska-Hoagascht mit Bertl Göttl bei Servus-TV

Die Leopold Kohr-Akademie wird in den wissenschaftlichen Fachbeirat der Europäischen Textilakademie in Bozen aufgenommen. Es finden zahlreiche Veranstaltungen statt, wie z.B.: Schulprojekt „Flachs zum Leinen", es erscheint im Tauriska-Verlag das Buch „Leinen" und im Jahr 2016 findet an der Universität Salzburg das Symposion der Textilen Architektur mit einer philosophischen Vernetzung der Leopold Kohr-Ideen statt.

2016

Leopold Kohr-Preis ergeht an Volkswirt Niko Paech, Schüttorf/Niedersachsen/Deutschland. Auszeichnung für sein Wirken für das menschliche Maß im Sinne von Leopold Kohr in Bezug auf Ressourcenbewahrung in Natur, Technik und Alltagsleben sowie für seine Thesen zur Postwachstumsökonomie. In diesem Rahmen werden 30 Jahre Tauriska und Leopold Kohr®-Akademie gefeiert.

Leopold Kohr-Stammtische in Oberndorf mit dem Ziel, das geistige Erbe des Philosophen der Kleinheit, getreu dem „menschlichen Maß", einem möglichst breiten Publikum im Land Salzburg zugänglich zu machen.
Uli und Helmut Guggenberger organisieren die Stammtische.

2018
Kooperationsvertrag für den „Leopold Kohr Saal" im Stille Nacht-Museum mit Stadtgemeinde Oberndorf, Stille Nacht Gesellschaft und Tourismusverband.

Leopold Kohr-Summerschool: Die in Salzburg beheimatete Leopold Kohr®-Akademie sowie der Kulturverein Tauriska bilden nicht nur eine Basis dafür, den Nachlass und die Ideen Kohrs zu wahren, einer breiteren Öffentlichkeit zugänglich zu machen und in Form regionaler Projekt zu erproben. Sie fungieren darüber hinaus als wichtige Scharnierstelle für ein differenziertes Nachhaltigkeitsverständnis.
Um diesen Akzent über die Region Salzburgs hinaus in die europäische Nachhaltigkeitsdebatte hineinzutragen, soll beginnend mit dem Jahr 2018 als weitere Aktivität der Leopold Kohr®-Akademie eine Summer School veranstaltet werden. Themen sind „Ernährung, Landwirtschaft und Regionalver-

sorgung", „Die Welt der Reparatur", Handwerk und mittlere Technologien, dezentrale Energieversorgung u. a. m..

Der „Nuclear-Free Future Award" wird zu seinem 20-Jahre-Jubiläum wiederum in Salzburg vergeben. Die Awards gehen an den Australier Jeffrey Lee (Kategorie Widerstand), Karipbek Kuyukov aus Kasachstan (Aufklärung), die Britin Linda Walker (Lösung), Didier und Paulette Anger aus Frankreich sowie Peter Weish, der als Vater der österreichischen Anti-Atombewegung gilt (Ehrenpreise für Lebenswerk).

2019

Leopold Kohr-Ehrenpreis 2019: Die Bio-Heu-Region Trumer Seenland ist Vorreiter für Nachhaltigkeit und landwirtschaftliche Kulturarbeit. Damit auch eine klein strukturierte Landwirtschaft eine Zukunftsperspektive hat, gründeten 1996 dreizehn Biobauern aus Berndorf und Seeham die Bio-Heu-Region Trumer Seenland. Inzwischen unterstützen 240 Bio-Heubauern aus 27 Gemeinden im Mondseeland, im Mattigtal und im Salzburger Seenland dieses Projekt. Repräsentiert wird die Region durch die Heukönigin. Mit dem Leopold Kohr-Ehrenpreis wird die Arbeit der Bio-Heu-Region als Vorzeigemodell gewürdigt.

Quellenhinweise:

A) Das Hauptwerk von Leopold Kohr
im Otto Müller Verlag

Alle Bücher, die von Leopold Kohr im Otto Müller Verlag erschienen sind, wurden von Ewald Hiebl und Günther Witzany herausgegeben und mit einem entsprechenden Vorwort versehen.

Kohr, Leopold: *Das Ende der Großen. Zurück zum menschlichen Maß*, hg. v. Ewald Hiebl und Günther Witzany, Salzburg: Otto Müller 2002.

Kohr, Leopold: *Die überentwickelten Nationen*, hg. v. Ewald Hiebl und Günther Witzany, Salzburg: Otto Müller 2003.

Kohr, Leopold: *Weniger Staat. Gegen die Übergriffe der Obrigkeit*, hg. v. Ewald Hiebl und Günther Witzany, Salzburg: Otto Müller 2004.

Kohr, Leopold: *Die Lehre vom rechten Maß. Aufsätze aus fünf Jahrzehnten*, hg. v. Ewald Hiebl und Günther Witzany, Salzburg: Otto Müller 2006.

Kohr, Leopold: *Entwicklung ohne Hilfe. Die überschaubare Gesellschaft*, hg. v. Ewald Hiebl und Günther Witzany, übersetzt von Andreas Wirthensohn, Salzburg: Otto Müller 2007.

Kohr, Leopold: *Probleme der Stadt, Gedanken zur Stadt- und Verkehrsplanung*, hg.v. Ewald Hiebl und Günther Witzany, übersetzt von Andreas Wirthensohn, Salzburg: Otto Müller 2008.

Kohr, Leopold: *Das akademische Wirtshaus*, hg.v. Ewald Hiebl und Günther Witzany, übersetzt von Andreas Wirthensohn, Salzburg: Otto Müller 2010.

B) Veröffentlichungen der Leopold Kohr®-Akademie:

Kohr, Leopold: Das Ende Großbritanniens. The Breakdown of Great Britain, hg.v. Leopold Kohr®-Akademie, Redaktion: Günther Witzany, übersetzt von Andreas Wirthensohn, 2017 (https://www.tauriska.at/kohr/das-ende-grossbritanniens/)

Kohr, Leopold: Ernst Friedrich Schumacher zu Ehren. Tribute to Ernst Friedrich Schumacher, hg.v. Leopold Kohr®-Akademie, Redaktion: Günther Witzany, übersetzt von Andreas Wirthensohn, 2016 (https://www.tauriska.at/kohr/ernst-friedrich-schumacher-zu-ehren/)

Kohr, Leopold: Am Vorabend von 1984. The Eve of 1984, hg.v. Leopold Kohr®-Akademie, Redaktion: Günther Witzany, übersetzt von Andreas Wirthensohn, 2013 (https://www.tauriska.at/kohr/am-vorabend-von-1984/)

C) Sekundärliteratur

Breisky, Michael: *Groß ist ungeschickt. Leopold Kohr im Zeitalter der Post-Globalisierung*, Passagen Verlag, Wien 2010.

Breisky, Michael: *Der Kompass im Kopf. Menschliches Maß und Politik im 21. Jahrhundert. Ein Essay in 12 Skizzen*, Otto Müller Verlag, Salzburg 2004.

Breisky, Michael: *Menschliches Maß gegen Gier und Hass. Small is beautiful im 21. Jahrhundert.* Frank&Frei Verlag, (2018).

Enzinger Franz Paul, Martina Fischer: *Kohr for Kids. Eine Reise zum menschlichen Maß.* Tauriska, 2009/2011.

Hiebl, Ewald/Witzany, Günther: *Vorwärts zum menschlichen Maß – Anmerkungen zum Ende der Großen.* In: Kohr, Das Ende der Großen (2002), S. 7–19.

Hiebl, Ewald/Witzany, Günther: *Kleiner, langsamer, näher! – zur Aktualität der Ideen Leopold Kohrs.* In: Kohr, Die überentwickelten Nationen (2003), S. 11–23.

Hiebl, Ewald: *„For nature is based on balance. Leopold Kohr und die Ökologie".* In: Natur und Kultur, Jg. 5/2 (2004), S. 114–125.

Hiebl, Ewald: *Heimat im Europa der Regionen. Leopold Kohrs Plädoyer für die Kraft des Kleinen.* In: Beutner, Eduard/ Rossbacher, Karl-Heinz (Hrsg.): Ferne Heimat – Nahe Fremde: Bei Dichtern und Nachdenkern. Königshausen & Neumann, Würzburg 2008, S. 227–239.

Hiebl, Ewald/Wally, Stefan: *Das Zukunftsdenken bei Robert Jungk und Leopold Kohr.* Jungk-Bibliothek für Zukunftsfragen, JBZ Arbeitspapiere 34/2017.

Lehner, Gerald: *Die Biographie des Philosophen und Ökonomen Leopold Kohr.* 408 Seiten, geb., Deutike, Wien 1994.

Lehner, Gerald: *Das menschliche Maß. Eine Utopie?*, Gespräche mit Leopold Kohr über sein Leben, 186 Seiten, geb., Edition Tandem, Salzburg/Wien 2014.

Pfeffer. Claudia: *„Leopold Kohr und das menschliche Maß. The real problem of our time is not material but dimensional."* Die Philosophie eines Querdenkers, Pioniers und Weltbürgers jenseits von Größenwahn und Wachstum im 20. und 21. Jahrhundert. Diplomarbeit zur Erlangung des Magistergrades an der Kultur- und Gesellschaftswissenschaftlichen Fakultät der Universität Salzburg, Fachbereich Geschichte Zeitgeschichte, Paris Lodron Universität Salzburg, Gutachter Reinhold Wagnleitner, Salzburg, Juli 2014.

Senghaas, Dieter: *Rettung durch den Kleinstaat!? Überlegungen zum „Anti-Leviathan" – Leitmotiv im Werk von Leopold Kohr.* In: Leviathan. Zeitschrift für Sozialwissenschaft. Jg. XXXVIII, 2010, S. 251–267.

Witzany, Günther: *Größenwahn, Geschwindigkeitsrausch, Vereinigungsfieber. Texte zum Ende der Fortschrittsreligion.* Mit einem Vorwort von Leopold Kohr. Unipress, Salzburg 1992.

Witzany, Günther. *Faktische und visionäre Alternativen zum Nationalstaat.* In: Österreichisches Studienzentrum für Frieden und Konfliktforschung (Hrsg.) Über die Schönheit und Mächtigkeit des Kleinen. Die Leopold Kohr Vorlesungen. Agenda Verlag Münster 1998.

Witzany, Günther (Hrsg.): *„Zukunftsfähige Stadt- und Verkehrsplanung. Wieviel Kohr braucht die City?"* Internationale Tagung der Leopold Kohr®-Akademie am 4. Oktober 2009 in Salzburg. Books on Demand, Norderstedt: Books on demand 2010.

Witzany, Günther: *Zur Aktualität von Leopold Kohrs Buch, Probleme der Stadt'.* In: Zukunftsfähige Stadt- und Verkehrsplanung (2010), S. 11–16.

Woll, Helmut: Leopold Kohr. *Wachstumskritiker der ersten Stunde.* In: Zeitschrift für Sozialökonomie, Jg. 186/187, 10/2015, S. 49–57.

Filme/Dokumentationen

Das Elend der Großen – Die Macht der Kleinen. Die Thesen von Leopold Kohr als Weg aus der Krise. ORF Landesstudio Salzburg; Hans Kutil, 2009.

Leopold Kohr – Rückkehr zum menschlichen Maß. Deutsch, Ranfilm, Alfred Ninaus, 2010/11.
Leopold Kohr – Small is beautiful – Life on a Human Scale Englisch, Ranfilm, Alfred Ninaus, 2010/11.

Der Leopold Kohr-Film „Rückkehr zum menschlichen Maß" wird 2011 im ORF Zentrum vorgestellt. Zu sehen sind „vier Mal Leopold Kohr": v. l.: die Hauptdarsteller Walter Patreider aus Innsbruck (Kohr sen.), Florian Köstner (Kohr Bub) aus Salzburg, Marco Loinger (Kohr jun.) aus Schwaz und Regisseur Alfred Ninaus von Ranfilm aus der Steiermark. *Foto: Walter Schweinöster*

Kontakt:

Leopold Kohr®-Akademie - Archiv · Universität Salzburg/Edith Stein Haus · 5020 Salzburg · Mönchsbergweg 2 A

Verein Tauriska/Leopold Kohr®-Akademie · 5741 Neukirchen am Grv. · Künstlergasse 15a · www.tauriska.at · www.leopoldkohr.at